Envie de France

Sarah El Haïry

Envie de France

Éditions de
L'Observatoire

ISBN : 979-10-329-2164-7
Dépôt légal : 2021, octobre

170 *bis*, boulevard du Montparnasse, 75014 Paris

Aux grandes femmes de ma vie :
ma grand-mère, décédée en 2017,
et ma mère, mon phare et mon guide.

Aux trois hommes de ma vie :
mon frère, Nadir, Babbo et mon père.

À tous ceux qui accompagnent mon action.
Je pense notamment à ceux qui m'ont
fait confiance dès 2017.
À François Bayrou
et à ma chère Marielle de Sarnez.

Au Square où tout commence...
et au 11 novembre où tout se transforme.

« Neptune favorise ceux qui osent... »

Devise de Nantes

Introduction

Ce livre est né probablement d'une blessure. Le fait peut sembler anodin, mais il ne le fut pas pour moi. C'est même ce qui avait inauguré mon début de parcours comme secrétaire d'État en charge de la Jeunesse et de l'Engagement dans le gouvernement de Jean Castex, en juillet 2020. Il fut d'autant plus marquant qu'il eut lieu au lendemain de l'attentat terroriste dont a été victime Samuel Paty, l'enseignant décapité, le 16 octobre de la même année, à Conflans-Sainte-Honorine (Yvelines).

Les jours qui ont suivi cet horrible assassinat resteront, sans conteste, parmi les plus marquants dans mon engagement de femme politique. Naturellement, j'ai vécu et partagé l'immense émotion suscitée par ce drame, comme citoyenne d'abord, avec l'ensemble des Français ; comme femme politique ensuite, pendant plusieurs semaines, quand j'ai pu mesurer, sur le terrain, l'ampleur du fossé qui se creuse entre la France et une partie de sa jeunesse, entre mon pays et ma génération, pourrais-je dire. Cet écart, qui se fait jour après jour, se matérialise par des violences. Celles-ci prennent plusieurs allures : du « simple » et pathétique *Je ne suis pas Charlie !* à l'innommable action terroriste. On l'a souvent répété : *Je suis Charlie* ne signifie pas adhérer à la ligne éditoriale d'un journal satirique dont le rôle est l'irrévérence et même la provocation, à travers la caricature, pour amener les lecteurs à réfléchir. Cette phrase exprime tout simplement un attachement à la liberté d'expression, conformément à l'universalisme français et une solidarité avec des victimes assassinées ou blessées.

En lieu et place d'élans de solidarité qui ont vocation à préserver l'unité nationale, notamment durant des moments de drame, certains jeunes, mais aussi moins jeunes, préfèrent rajouter la violence verbale au crime terroriste. Une violence relayée par les réseaux sociaux comme pour mieux amplifier sa portée. Les temps que nous vivons voient se multiplier les violences contre les élus, les médias, mais aussi entre les citoyens eux-mêmes.

Tout ce climat, qui doit nous interroger, que l'on soit citoyen ou élu, est illustré par un état d'esprit fait de défiance et de rejet, y compris parfois des valeurs de la République. En d'autres termes, même les symboles censés nous réunir et nous rassembler – notre art de vivre, notre culture, notre histoire dans sa complexité, notre drapeau, notre hymne national, notre devise – deviennent de plus en plus souvent des sources de clivage, de débat, de conflit, de division...

Le 22 octobre 2020, six jours après l'attentat perpétré par un jeune Tchétchène radicalisé et le lendemain de la cérémonie solennelle célébrée à la Sorbonne par le président de la République, Emmanuel Macron, pour rendre hommage à Samuel Paty, je me rends à Poitiers à l'invitation d'une association, la Fédération des centres sociaux et socioculturels de France (FCSF). Je participe à la clôture d'une rencontre, organisée sur plusieurs jours, avec une centaine de jeunes issus de toutes les origines sociales, notamment des quartiers populaires et des milieux ruraux. La manifestation est prévue de longue date. J'ai accepté l'invitation en août, quelques jours à peine après mon entrée au gouvernement, et même si le thème choisi par les organisateurs – la religion – est susceptible de susciter un débat, je reste sereine, car la Fédération issue de l'éducation populaire est, depuis plusieurs années, un partenaire connu et réputé sérieux des pouvoirs publics. Sur le papier, je n'ai aucune raison de m'inquiéter, surtout que je fais partie de celles qui pensent qu'il faut faire confiance à la jeunesse et lui permettre à la fois d'aborder, sans tabous, tous les sujets et d'exprimer librement ses opinions. De toute façon, tout responsable politique doit aimer le débat et, en ce qui me concerne, le fait d'être challengée ne me gêne pas, sinon j'aurais choisi une autre voie. Sortir de sa zone de confort et être contredit fait partie du jeu. C'est l'essence de notre culture démocratique. Cela étant dit, il est toujours important, surtout quand les thèmes choisis comportent une dimension passionnelle, que les encadrants, c'est-à-dire les adultes, soient eux-mêmes conscients des enjeux.

En arrivant à Poitiers ce jeudi matin, je suis plutôt contente et détendue, malgré la vive émotion ressentie la veille lors de l'hommage rendu à Samuel Paty – sur lequel je reviendrai – et je suis donc convaincue aussi que ce déplacement me permettra d'analyser les choses en dehors du traumatisme collectif subi. Les jours précédents ont été éprouvants, pour tous les Français, mais aussi pour chaque membre du gouvernement, et peut-être davantage pour le ministère de l'Éducation nationale, de la Jeunesse et des Sports, c'est-à-dire pour Jean-Michel Blanquer, Roxana Maracineanu, Nathalie Élimas et moi-même. Et pour cause : la victime est un enseignant, il a été décapité à la sortie d'un collège par un islamiste de dix-huit ans. L'école, la jeunesse sont directement concernées et touchées. Incontestablement.

À Poitiers, je pense engager un dialogue serein et constructif avec des jeunes qui doivent certainement être, c'est ce que je me dis, profondément marqués par cet attentat qui a dominé l'actualité une semaine durant et choqué tous les pans de la société. Car, qu'on se le dise : Samuel Paty est devenu le professeur de tous les élèves de France. Dans mon esprit, peut-être un peu naïvement, je considère que je suis presque là pour rassurer, au nom des pouvoirs publics, cette jeunesse qui, depuis 2012 et les assassinats commis à Toulouse et à Montauban par Mohammed Merah, n'a eu de cesse de vivre au rythme d'attentats, de menaces et de communiqués tous abondamment relayés par les médias et les réseaux sociaux. Des crimes terroristes, qui plus est dans un contexte de crise sanitaire qui a amené cette génération à consentir à beaucoup de sacrifices, ne peuvent qu'ajouter de l'anxiété et de l'incertitude. Ce dernier crime est, en réalité, venu nourrir la perte de repères.

De plus, la question relative à la religion musulmane fait souvent débat, voire polémique. Je n'ignore pas la confusion qui s'est installée dans les esprits, d'autant que le sujet est largement instrumentalisé par des acteurs politiques. Je pense notamment à l'extrême droite et à l'extrême gauche, les uns stigmatisant l'ensemble des musulmans en prenant prétexte de la menace effective que font peser sur nous les islamistes, les autres défendant le plus souvent ces mêmes islamistes, devenus leurs alliés objectifs en laissant croire qu'ils protègent de cette façon les musulmans. Chaque bord, à sa manière, joue d'amalgames et entretient les salmigondis, espérant ainsi tirer un quelconque bénéfice électoral de cette thématique qui gagnerait à être traitée de façon sérieuse et posée, loin de toute hystérisation.

Je sais que toutes ces manipulations perturbent notre jeunesse, mais aussi une bonne partie de la société. Beaucoup de personnes ne voient plus clair, surtout face à un sujet d'une si grande complexité et qui, de surcroît, a tendance à diviser.

Je suis ce jour-là à Poitiers pour rappeler aussi la merveilleuse chance que nous avons d'être français et de vivre dans cette République laïque qui nous permet de croire ou de ne pas croire ; cette France, observée de l'étranger avec envie, notamment par ceux qui n'ont pas l'opportunité de connaître ne serait-ce que la signification exacte de principes comme la liberté de conscience ou la liberté d'expression. Je me suis déplacée pour insister sur le fait que nous devons continuer d'être solidaires, fraternels et de ne pas laisser les semeurs de haine nous diviser ou introduire le doute entre nous. J'espère faire de la pédagogie politique et échanger sur nos fondamentaux, la démocratie, la laïcité et la richesse que constitue la diversité de nos parcours, de nos origines et de nos croyances. J'escompte que l'on puisse, avec les encadrants de ces journées, trouver les mots justes afin que le supplice vécu par Samuel Paty serve de point de départ à une prise de conscience collective, surtout au sein des jeunesses[1], quant à notre responsabilité sur les réseaux sociaux, la nécessité d'incorporer de la bienveillance, du respect et de la compréhension dans nos rapports humains, et ainsi souligner – puisqu'il s'agit du thème de cette rencontre – que la religion relève de choix individuels et qu'elle ne saurait être un facteur de division. En aucun cas.

En lieu et place d'un échange constructif, c'est un véritable dialogue de sourds qui s'installe. Devant moi, beaucoup d'adolescents complètement hermétiques refusent d'entendre ce discours qui se veut pourtant rassembleur. Je ne leur jette pas la pierre, car soyons honnêtes, un ado n'a pas toujours toutes les clés pour saisir les enjeux de notre époque, et c'est bien normal, nous sommes tous passés par là.

1. Je préfère parler de « jeunesses », au pluriel, car la jeunesse n'est pas unique et homogène, mais multiple.

À travers le comportement d'un jeune qui s'ouvre aux dures réalités de la vie, on voit souvent, par l'intermédiaire de ses schémas de pensée et de sa réflexion, l'entourage qui, d'une certaine manière, l'aide à se structurer. Le rôle des adultes est, de ce point de vue, essentiel. Aussi bien celui des parents que celui des enseignants et, dans le cadre de l'éducation populaire, celui des encadrants, animateurs ou éducateurs.

Je suis quasiment impuissante, car ils n'entendent aucun autre argument que le leur, et il est impossible de partager une réflexion autour des grands principes qui forgent le socle de notre société et qui n'ont eu de cesse de se consolider depuis le début du XXe siècle. Cette génération, prise en étau entre la *cancel culture* et le « wokisme », donne parfois l'impression de ne pas avoir de repères communs avec la France universaliste, mais nous y reviendrons.

Certains adolescents revendiquent le droit à des « cours sur les religions à l'école », des « salles de prière », et surtout la « possibilité de porter » des signes ostentatoires à partir du lycée. Ils sont, selon eux, « discriminés ». D'autres préfèrent fustiger l'Éducation nationale ou accuser la police et les médias de racisme. Je vois ainsi se dessiner, au fil des discussions, sans que l'orientation en soit corrigée par les adultes responsables de cette rencontre, une tonalité qui reprend la vieille antienne, désormais présentée de manière récurrente par certains cercles idéologiques, qui laisse dire qu'en France le racisme serait systémique. Et même pandémique. Plus précisément que la « haine du musulman » ferait système et ne serait pas le fait d'actions isolées, par ailleurs résolument combattues par les pouvoirs publics à travers notamment son institution judiciaire et tous les organes de contrôle qui soumettent les agents de l'État, ceux de la police comme ceux d'autres corps, à un strict respect de la déontologie et de l'éthique républicaine. Il est difficile de faire admettre à des jeunes, surtout lorsqu'on est soi-même représentant de l'exécutif, que la police française, pour ne citer qu'elle, est, sans conteste, l'une des plus contrôlées au monde. Les fonctionnaires qui se sont laissés aller à des manquements avérés ou à des dérapages vérifiés en savent quelque chose. C'est l'État de droit pour tous, tout le temps.

Au fil des échanges, j'essaie de construire un pont en direction de ces jeunes, otages de leurs certitudes et probablement des « enseignements » très orientés prodigués par quelques adultes, peut-être par des « grands frères », des voisins ou des parents. Cependant, je constate que, par mon statut de ministre et parce que je veux porter la voix de la République, les adolescents que j'ai en face de moi m'installent de fait dans le « camp des racistes ». Une première pour moi... Une jeune fille, qui revendique le port du voile au sein de l'école publique, ne comprend pas comment moi, maghrébine, née de parents marocains, je peux être contre cette idée et ainsi défendre la laïcité.

« Comment toi, tu peux dire ça ? » C'est ce qu'on cherche à me faire passer comme message. Je ne suis plus ministre, plus femme, plus française. Je dois, de leur point de vue, raisonner comme une

« musulmane », parce que de toute manière, je ne peux même pas, à leurs yeux, être autre chose. J'ai rarement été aussi décontenancée, car je suis vue comme la « traîtresse ». Avec le recul, cette situation a été déstabilisante, car j'ai été réduite à une « origine ».

Je ne pensais pas que je serais obligée de me justifier, un jour, par rapport à ma double nationalité et à ma double culture. Je n'imaginais pas que des adolescents, nés dans l'Hexagone, de parents parfois eux-mêmes nés en France, me renvoient l'image de la « félonne » qui aurait, selon leur schéma, renié ses origines et fait allégeance à « l'ennemi » qui est son propre pays.

Ce qui s'est passé à Poitiers n'est pas anodin, mais symptomatique. Je ne suis pas en colère, mais triste. Très triste. Je n'ai aucun problème à assumer l'ensemble de ce qui constitue mon identité, je ne suis pas l'enfant de la cinquième génération d'immigrés, je suis issue de la première : mes deux parents sont nés à Casablanca, au Maroc, et moi, à Romorantin, dans le Loir-et-Cher ; je suis née d'un père et d'une mère étrangers, naturalisés français et d'ailleurs je le fus moi-même à l'âge de deux ans. C'est ce qui est annoté en marge de mon extrait d'acte de naissance[1].

Jamais on ne m'avait renvoyé à mes origines ni assigné à une identité religieuse de façon aussi violente. Non pas que les mots fussent violents, mais le postulat était sans appel : à leurs yeux, je n'étais

1. Mes parents avaient décidé de demander notre naturalisation, à mon frère et à moi.

plus ministre, mais marocaine et musulmane, comment pouvais-je dès lors parler de laïcité, de liberté et de ces « histoires de Blancs » ? J'avais en face de moi de jeunes Français, qui avaient du mal à se positionner au sein de leur nation. J'avais déjà été confrontée à des discussions un peu passionnées où mes interlocuteurs, des citoyens issus de l'immigration, se disaient « marginalisés » en France, ou bien me montraient les difficultés qu'ils avaient à se faire une place dans la société, mais jamais, avec d'aussi jeunes personnes, je n'avais mesuré un fossé si béant.

J'ai constaté, ce jour-là, à Poitiers, la conséquence des campagnes de diabolisation lancées, contre la France et ce qu'elle incarne, à la fois par des forces intérieures, mais aussi par certaines puissances étrangères qui ont utilisé tous les moyens, depuis de longues années, du *soft power* religieux jusqu'aux offensives les plus frontales, pour manipuler et déstructurer une partie de notre jeunesse et ainsi fracturer la société pour les dizaines d'années à venir.

La seule préoccupation de ces jeunes filles, c'est la question du voile. Certaines me donnent l'impression de le voir comme un étendard. Leur refuser son port, c'est visiblement les amputer d'une partie d'elles-mêmes. C'est ce qui explique parfois l'intensité et la passion qui animent les débats sur le sujet. Même celles qui ne semblent pas vouloir forcément l'exhiber se font les porte-voix de celles qui l'arborent.

Qu'on ne vienne pas me faire la leçon à ce sujet. Le voile, comme symbole de pratique religieuse, je ne le découvre pas. Ma propre grand-mère, musulmane pratiquante, le portait, surtout au moment de la prière. Mais davantage au lendemain de son pèlerinage à La Mecque. Elle le posait sur ses magnifiques cheveux blancs, de façon légère, je dirais, sans ressentir ce besoin obsessionnel de cacher la moindre mèche. Et parce que c'est elle qui m'a en partie élevée, je n'oublierai jamais son regard toujours tolérant, ses gestes d'une douceur infinie qui vous enrobent d'amour. Elle a élevé ses cinq enfants avec de l'exigence et un profond respect pour ce qui les rendait heureux individuellement, mais sans jamais leur laisser le droit de ne plus faire famille. Elle a été un pilier pour cette dernière, elle gérait tout et soutenait tout. C'était la fondation de tout et pourtant elle avait perdu sa maman dans son jeune âge, et fut recueillie par son grand frère. Sa générosité était sans limites, la maison était ouverte à ceux qui en avaient besoin pour se reposer et reprendre de l'élan, ou à ceux qui ne pouvaient plus être seuls. C'était un havre de paix, dans cette philosophie très pudique du vrai don, celui qui ne se dit pas mais qui se voit. C'est un exemple pour moi, elle ne doutait pas de ceux qu'elle aimait. Alors ce que je retiens d'elle c'est ce que l'on doit et non ce que l'on prend ; et cette façon bien à elle de mélanger les genres parce que dans le fond seule comptait l'attention portée à l'autre sans distinction de classe sociale, d'origine, de religion. C'était Mamie. La mienne. Celle que j'aimerai toute ma vie. Celle qui l'a marquée d'une empreinte indélébile.

Longtemps, d'ailleurs, ce fameux voile, dont le port est désormais revendiqué partout, n'a pas eu d'autre fonction que de couvrir les cheveux, comme c'est le cas dans beaucoup de civilisations religieuses, au moment de l'accomplissement d'un acte de foi, d'un pèlerinage ou d'une entrée dans un lieu de culte. C'est la signification et le sens que je lui ai toujours donnés avant que des courants islamistes ne l'imposent, de manière directe ou indirecte, à travers la pression sociale ou le prosélytisme et l'endoctrinement, à toutes les femmes musulmanes en tout lieu et en toutes circonstances. C'est ainsi que nous sommes passés, en l'espace de quelques années, d'un voile posé sur la tête de grands-mères pieuses à un autre voile porté par des enfants, des fillettes ou des jeunes filles à peine pubères. Je n'accorde pas à toutes ces situations la même signification.

En tant que femme, je n'ai pas un problème de principe avec le voile, même si je n'ignore pas ce qu'il représente dans les milieux islamistes. Cette diabolisation du corps de la femme et cette infériorisation, je ne les accepte pas, car je suis résolument convaincue que les femmes et les hommes sont égaux et que leurs différences ne sont que physiologiques. Aussi, si je n'aime pas qu'on en fasse un outil politique d'oppression et de rabaissement de la femme, je respecte l'idée qu'il puisse représenter un signe d'humilité pour les croyantes, car je suis attachée à la liberté de conscience, notamment lorsqu'une foi s'exerce dans le respect de la loi. Je peux comprendre son port par une femme pieuse, comme symbole de dévotion, dans un cadre précis ; je le comprends beaucoup moins, je le redis, quand il est érigé en étendard politique et en outil d'instrumentalisation idéologique. Je l'affirme d'autant plus que ce symbole, je parle du voile, n'est pas un sujet de polémique dans les démocraties seulement, il l'est, peut-être davantage, et avec acuité, dans les pays majoritairement musulmans. Je pense à des femmes, comme l'Égyptienne Nawal El Saadawi, pour ne citer qu'elle, qui se sont engagées pour que le corps de la femme ne fasse pas l'objet d'une diabolisation.

Plus on avance dans la discussion, plus les mots et les propositions deviennent crispants. Certains jeunes veulent que l'on puisse « interdire de parler d'islam à la télévision », arguant que les médias appartiennent à des « lobbys israéliens », d'autres mettent en avant leurs propres expériences, perçues comme des humiliations ou des discriminations. Je ne nie pas, encore une fois, que des manquements ou des dérives puissent avoir cours ; quand ils sont avérés, ils doivent être signalés et sanctionnés sévèrement, mais je récuse l'idée qui tente de faire croire à l'existence d'un caractère systémique de la discrimination, encouragée ou conceptualisée par l'État. Affirmer une telle ignominie, qui que l'on soit, est inacceptable, et je ne peux pas tolérer que des adultes, où qu'ils soient en France, puissent relayer une aussi scandaleuse contrevérité.

Cette jeunesse est fragmentée et victime d'une volonté de la séparer de la communauté nationale.

À la fin de cette réunion mouvementée et, je dois le dire, éprouvante, je décide de chanter *La Marseillaise* pour essayer de recréer du « commun » et pour sortir, autant que cela est possible, avec une note rassembleuse. Plusieurs jeunes et même des adultes refusent, à ma très grande surprise, de me suivre quand je commence à entonner les premiers couplets de l'hymne national. Seules quelques personnes se font timidement entendre, leurs voix dispersées dans le vaste gymnase du groupe scolaire Isaac-de-l'Étoile, qui accueille la rencontre. Cela m'a énormément émue, car cette attitude, d'une certaine manière jusqu'au-boutiste, permet de mesurer l'étendue du fossé qui s'est creusé entre eux et la République. Je souhaite qu'on chante ensemble *La Marseillaise* pour créer un moment de communion, mais surtout de réconciliation. Un peu comme des amis qui se fâchent, lors d'une discussion animée, mais qui, avant de se quitter, se font la bise quand même. Je sens qu'ils m'en veulent terriblement de ne pas avoir abondé dans leur sens, d'avoir insisté sur les grands principes de notre pays, non pas en les excluant, encore moins en les opposant à la communauté nationale, mais en les incluant, c'est-à-dire en soulignant le fait que le projet émancipateur de la France, si décrié par les milieux hostiles aux valeurs universelles et les extrémistes, est un socle qui doit les structurer. J'ai cherché à leur dire la chose suivante : d'où qu'ils viennent, quelles que soient leurs convictions philosophiques ou religieuses et quelle que soit la direction qu'ils souhaitent prendre, ils sont enfants de ce pays. Ils me rejettent tout ceci en pleine face, comme si ce que je leur proposais, ce que je défendais, les heurtait au plus profond d'eux-mêmes, comme si je voulais nier leurs histoires individuelles.

Tout ceci, comme je l'expliquais, a eu lieu devant l'indifférence de certains adultes quand d'autres étaient même plutôt amusés. D'ailleurs, quand j'ai chanté *La Marseillaise*, certains élus présents n'ont pas jugé utile de m'accompagner et de me soutenir dans cette démarche républicaine. Je n'ignore pas que pour certains courants politiques, le fait même d'entonner l'hymne national est devenu suspect. Je parle de ceux que les journalistes appellent les « vert pastèque ».

Si en tant que femme et citoyenne, cet « incident » m'a blessée et peinée, en tant qu'élue et responsable, j'ai immédiatement décidé d'agir en demandant une inspection pour comprendre ce qui s'est produit à Poitiers durant ces journées organisées par la FCSF (j'y reviendrai plus loin), ensuite pour essayer de mesurer l'ampleur du phénomène à l'échelle nationale et ainsi, je l'espère, y remédier.

Depuis, j'ai commencé à réfléchir à la rédaction de ce livre afin de partager un point de vue et des convictions, mais aussi poser cette réalité dans le débat public et engager une nécessaire introspection collective pour que nous puissions apporter les réponses qui s'imposent. Des réponses rapides, pragmatiques pour un sursaut républicain urgent pour nos jeunesses, pour notre pays. Pour aujourd'hui. Pour demain. Pour nos enfants.

Je sais d'où je viens !

J'ai vu le jour, je l'ai déjà mentionné, en 1989, à Romorantin-Lanthenay (Loir-et-Cher). Une petite ville de moins de dix-huit mille âmes. C'est la capitale de la Sologne dont on dit que Léonard de Vinci voulait en faire le cœur du royaume. C'est aussi là que naquit Claude de France, duchesse de Bretagne et future reine, épouse de François Ier. Une région chargée de cette merveilleuse histoire qui est celle de notre pays. La ville est calme. Trop parfois. Surtout pour les enfants et les jeunes en général. Les sorties au restaurant, mais aussi les jours de marché, de brocante et de kermesse restent, un peu partout en Sologne, les seules occasions de sociabilité. À Romorantin, il y a une foire le dernier dimanche de juin et une autre pendant une huitaine le week-end qui précède le 11 novembre et le suivant. Elle est connue des gens de la région sous l'appellation « la Plisson de Romorantin ». En ce qui nous concerne, mon père étant médecin, nous vivions constamment auprès de la petite « communauté » du monde médical local, puisque mes parents occupaient un logement de fonction. Ma mère, très sociable, avait réussi à se faire énormément d'amis.

C'est une belle ville, appréciée des touristes, notamment les plus friands d'histoire de France. On prétend aussi que le château de Chambord, finalement érigé à quarante kilomètres de là, devait initialement y être construit. Ce n'est qu'une fois adulte que je prendrai connaissance, par bribes, de cette histoire, car, à vrai dire, mes souvenirs personnels sont très flous : nous avons quitté Romorantin pour Vierzon (Cher), située quelque trente-cinq kilomètres plus au sud, alors que j'avais à peine trois ans.

J'évoque ma ville de naissance et les premières années de mon existence pour souligner cette chance qui m'a permis, comme s'il s'agissait d'un clin d'œil de l'histoire, de vivre très tôt auprès de tout ce qui allait constituer mon identité et construire ma personnalité. De naître, tout comme mon jeune frère, dans une famille d'immigrés marocains, de la classe moyenne, plutôt privilégiée – mon père est médecin anesthésiste et ma mère, femme qui refuse l'inaction et s'engage pour les autres, une utopiste, bouillonnante d'idées et de projets, a connu, en quelques années, plusieurs vies professionnelles. Elle a créé une école d'arts plastiques, s'est engagée au sein des Lion's Club pour soutenir des écoles rurales au Maroc, a ouvert des restaurants ou encore une agence de communication. Ma mère est une aventurière, au sens noble du terme, elle ne craint pas le risque. C'est elle qui m'a transmis le goût de l'action. J'ai grandi dans cette petite ville de la Sologne, au sein d'une France profonde, proche de son histoire et de sa réalité sociologique. J'ai eu l'occasion, dès mon enfance, de vivre avec des personnes issues de milieux modestes et d'autres originaires du monde rural. Mais mon identité ne s'est pas construite là seulement. Au lendemain du divorce de mes parents, alors que je n'avais que quatre ans, nous sommes partis, avec ma mère, vivre au Maroc. Nous avons élu domicile, tour à tour, à Mohammédia, à Rabat et enfin à Casablanca, au sein d'une famille recomposée. Ma mère et son nouveau compagnon ont ouvert un restaurant italien – celui qui allait m'élever après la séparation de mes parents avait cette origine transalpine. De religion catholique, alors que ma mère est de culture musulmane, mon beau-père, que nous appelons Babbo, aimait se présenter comme sarde d'abord, italien ensuite, et grand amoureux du Maroc. Il avait déjà eu des enfants de précédentes unions : deux garçons et une fille, beaucoup plus âgés que mon frère et moi, avec une juive marocaine, et un garçon, Giulio, qu'il avait eu avec une Normande et qui a grandi avec nous. Lorsque mes demi-frères juifs venaient pour les vacances, il nous arrivait de célébrer le shabbat avec eux. Alors oui, adolescente, je savais aussi bien réciter par cœur le Notre-Père que lire le Coran avec ma grand-mère maternelle, tout en entretenant d'excellentes relations avec toute cette fratrie recomposée. En vérité, ces questions de religion ne se posaient même pas. Nous vivions dans un cadre de cultures mélangées parce que les rencontres et l'amour avaient décidé de nous rassembler de cette manière.

Cette jeunesse voyageuse m'a permis par ailleurs de me forger un état d'esprit : l'ouverture à l'autre.

Je me suis habituée à vivre avec toutes les sonorités : la résonance de la cloche d'une église, l'appel à la prière du muezzin que j'entendais cinq fois par jour au Maroc ou le *kiddouch* du shabbat. J'ai appris aussi à contempler le silence et à respecter la non-croyance et ainsi à accepter toute chose intime chez les autres.

Après quelques années passées à Casablanca, un événement majeur allait marquer toute ma famille. Nous sommes en 2003, deux années après les attentats perpétrés par Al-Qaida sur le sol américain. Je m'en souviens comme si c'était hier : le 11 septembre 2001, j'étais en cours d'anglais ; nous avons appris en sortant de classe ce qui s'était produit aux États-Unis. Ces images de tours s'effondrant dans un incroyable nuage de fumée m'ont terriblement choquée. Une décennie après la fin de la guerre froide et la chute du mur de Berlin, une nouvelle menace s'imposait à l'ensemble de la planète : le terrorisme islamiste. Je ne sais pas si ma tête d'enfant a intégré ce jour-là, ou plus tard, que le fanatisme est inacceptable. Beaucoup d'observateurs pensaient alors que le problème opposait une organisation criminelle, Al-Qaida, à la première puissance mondiale, en l'occurrence les États-Unis. Leur refus de voir que le monde musulman était déjà touché par ce fléau les a empêchés d'analyser les événements avec justesse. L'Égypte, le Yémen, l'Arabie saoudite, l'Algérie, l'Indonésie, pour ne citer qu'eux, avaient déjà tous subi ce phénomène.

Dans la nuit du 16 mai 2003, Al-Qaida décide de frapper Casablanca, au Maroc[1]. Plusieurs attaques suicides sont lancées sur différentes cibles, centres communautaires juifs ou espagnols, hôtels et restaurants fréquentés par des expatriés, des touristes ou l'élite marocaine. Mais aussi le consulat de Belgique, situé en face du *Positano*, le restaurant tenu par ma mère, son compagnon et des amis de la famille, Laurence et Jo Kadoch, des juifs de Casa avec lesquels ils sont associés.

Je me rappelle parfaitement cette terrible nuit sans me souvenir de chaque détail que j'ai récupéré au fil des années, reconstituant ainsi le puzzle de ce qui s'est produit. J'avais alors quatorze ans et j'étais en mesure de saisir la nature des événements. Il était 22 heures approximativement ce vendredi 16 mai quand plusieurs détonations, quatre d'abord, une cinquième un peu plus tard, se font entendre dans la nuit casablancaise. Chaque Marocain, témoin de cette soirée, dirait probablement aujourd'hui qu'il pensait qu'il s'agissait de pétards ou, au pire, d'une explosion de bouteille de gaz, accident fréquent au Maroc. C'est un incessant ballet d'ambulances et de sirènes qui fera comprendre aux Casablancais que quelque chose de très grave vient de se produire. En une heure, l'information fait le tour du

1. Quelques semaines auparavant, Oussama ben Laden, leader d'Al-Qaida, avait diffusé un document sonore, largement relayé, à travers lequel il désignait les cibles : « Parmi les pays qui devraient être libérés figurent la Jordanie, le Maroc, le Nigeria, le Pakistan, le pays des deux saintes mosquées [l'Arabie saoudite] et le Yémen », avait-il précisé.

Royaume. L'incrédulité est totale. D'aucuns croient que le Maroc, pays accueillant et touristique où il fait bon vivre, surtout à l'approche de l'été, est à l'abri de la menace terroriste. La tolérance des Marocains et leur ouverture d'esprit, pense-t-on, leur capacité à vivre et à cohabiter avec toutes les origines ethniques et religieuses, ne peuvent engendrer d'actes innommables. Les juifs du Maroc y sont chez eux depuis des lustres. Le rôle protecteur joué par la monarchie depuis Mohammed V a toujours permis à toute la communauté de se sentir en sécurité. Or, cette fois, c'est aussi elle qui est visée : le cercle de l'Alliance israélite, heureusement fermé pour cause de shabbat, et un cimetière juif ont été ciblés. À cet endroit, est touchée une famille de Marocains, musulmans et pratiquants. Les terroristes islamistes sont ainsi : même lorsqu'ils tentent de justifier l'injustifiable, leurs actions visent tout le monde, car ils n'ont tout simplement aucun respect pour la vie humaine. Ce n'est pas une question de croyants ou de non-croyants, de riches ou de pauvres, de célèbres ou d'anonymes, l'hydre islamiste frappe de manière indiscriminée et ses idéologues essaient de trouver une logique et une cohérence à des actes clairement nihilistes.

Cette nuit-là, une quarantaine d'autres personnes perdent la vie, et on compte plusieurs dizaines de blessés. Certains le sont très gravement. Quatorze terroristes, vêtus de ceintures explosives ou munis de grenades, ont agi dans cinq lieux différents. Le restaurant familial ne connut miraculeusement que d'importants dégâts matériels. La bienveillance de la vie, ou le destin, a voulu qu'une voiture blindée appartenant à un client du restaurant ait absorbé le souffle de l'explosion et ainsi limité considérablement les dégâts. Le carnage eut lieu à la *Casa de España* et à l'entrée de l'hôtel *Farah*. Le premier site était un club très fréquenté des Casablancais. Les familles aisées ainsi que les expatriés, surtout espagnols, y étaient adhérents et allaient y passer des soirées festives. C'est un Sévillan qui, au début des années quatre-vingts, reprit ce lieu très prisé de la rue Faïdi-Khalifa (ex-Lafayette), en devenant président du club fondé en 1958. Longtemps, la communauté espagnole, mais pas seulement, y dégustait des tapas, jouait au bingo ou aux cartes en écoutant du flamenco. Tout ce que les islamistes honnissent.

On apprendra que le vieil homme employé comme gardien et qui filtrait les entrées pour contrôler les cartes de membres fut froidement égorgé par les terroristes qui pénétrèrent ensuite à l'intérieur pour se faire exploser, au milieu des clients, dans la cour de l'établissement. Parmi les quatorze kamikazes, deux renoncèrent à leur funeste projet[1], mais les autres firent tout pour causer un maximum de dégâts. Quand, quelques années plus tard, se produisirent à Paris les attentats du 13 novembre 2015, je ne pus m'empêcher de penser à cette terrible nuit casablancaise tant les modes opératoires et la

1. C'est ce qui a permis à la police marocaine de remonter la filière et de déjouer des attentats prévus, durant les jours suivants, dans les villes d'Agadir, Fès, Marrakech et Tanger.

détermination meurtrière étaient similaires. Le terrorisme n'est pas l'affaire d'un pays, mais le défi de toute l'humanité. Ceci pour répondre à ceux qui cherchent aujourd'hui à confiner ce phénomène dans un face-à-face entre l'Occident et le monde musulman. Ce dernier a beaucoup souffert – faut-il le rappeler ? – des affres du djihadisme.

Collégienne, à l'époque, je découvre les images de l'horreur à la télévision et, sans mal, reconnaît le restaurant tenu par ma mère et son compagnon. Traversée par ce sentiment très bizarre que quelque chose de très grave, bien loin de l'accident et du fait divers, vient de se produire, je cerne l'angoisse affichée par ma mère qui veut que l'on revienne immédiatement en France.

À partir de cette année 2003, et donc de mes quatorze ans, j'ai saisi que cette instrumentalisation de l'islam, religion pourtant apaisée telle que pratiquée par ma grand-mère maternelle et beaucoup d'autres fidèles, était de nature à fragmenter et à fracturer les sociétés. Le Maroc s'en est sorti et a pu faire face à cette terrible épreuve parce que le peuple dans son ensemble a fait bloc pour rejeter ce que l'islamisme a voulu imposer. C'est la raison pour laquelle je ne comprends pas certains de nos débats actuels en France. Je ne m'explique pas pourquoi, par exemple, la loi connue sous l'appellation « lutte contre tous les séparatismes », mais intitulée officiellement « loi renforçant les principes de la République », ne fait pas l'unanimité. Voulue par le président de la République et portée notamment par Gérald Darmanin et Marlène Schiappa, elle a vocation à consolider et à réaffirmer notre socle républicain pour faire face aux assauts répétés des milieux fanatiques. Je ne suis pas de nature paranoïaque ; pourtant, à ce jour, lorsque je m'installe dans un restaurant, je ne tourne jamais le dos à l'entrée. Cette menace est réelle chez nous comme ailleurs. Il ne s'agit pas d'un problème français, mais d'un phénomène planétaire.

De quoi s'agit-il en fait ? Il y a une idéologie, en l'occurrence l'islamisme, qui n'est pas du tout la religion musulmane, et qui, depuis plusieurs années, fracture l'écrasante majorité des sociétés musulmanes en profondeur et les empêche d'intégrer les Lumières et la modernité. De surcroît, il est question d'une pensée qui cherche, le plus souvent, à s'imposer par la violence et la manipulation des plus jeunes. Quand elle opère de manière strictement politique, elle agit par entrisme pour métamorphoser la société de l'intérieur et l'amener à renoncer à des valeurs essentielles. Il suffit donc d'analyser froidement notre monde et notre époque. Voir et contempler la sphère arabo-musulmane, sa léthargie. Observer l'état de ces sociétés, leur délitement. Constater comment l'islamisme influe sur les communautés musulmanes basées en Occident et s'apercevoir calmement que c'est là une idéologie qui oppose les religions, qui crée des clivages, qui accentue les fractures et qui s'immisce dans les failles lorsque celles-ci existent. De plus, son caractère transfrontalier, sa volonté de fragiliser des valeurs essentielles et de saper les fondements des démocraties, dont la nôtre, cette façon de s'attaquer à la laïcité, de porter une parole misogyne, sinon sexiste, de propager l'homophobie et l'antisémitisme, plus largement cette insupportable haine de l'Autre, ce refus de toute différence réelle ou supposée. Ce sont là autant de caractéristiques que l'on retrouve dans l'islamisme et que notre morale républicaine et notre esprit démocratique doivent, à mon sens, sans rechigner, rejeter et condamner. Ne pourrait-on pas, au lieu de se laisser aller à des polémiques stériles, nous accorder sur un constat ? Ne serions-nous plus capables d'affirmer que cette pensée qui manipule une religion et ses adeptes est nocive, pour les musulmans d'abord et pour l'ensemble des sociétés ensuite ?

Il ne s'agit même pas d'exprimer une position politique, il est question, face à l'islamisme, quelles que soient notre origine, notre couleur partisane, nos convictions philosophiques, de rejeter cette idéologie dangereuse. Car, dangereuse, elle l'est assurément à la fois pour notre sécurité et pour nos valeurs communes.

Après les attentats de Casablanca, ma mère, de manière instinctive, s'est dit que notre avenir, à mon frère et moi, ne pouvait être ailleurs qu'en France. Elle laisse son compagnon derrière elle (qu'elle retrouvera quelques années plus tard), nous installe, mon frère et moi, dans sa Renault 19 dorée, totalement kitch, avec quelques effets personnels et nous revenons en 2004 dans l'Hexagone. Metz est notre point de chute. C'est là que je découvre le niveau de pugnacité de ma mère qui, seule avec ses deux enfants, se démène comme un fauve pour nous assurer une stabilité. Cette leçon de courage, celle d'une femme qui ne se pose jamais en victime, qui avance en regardant ses soucis en face, à la fois avec pudeur et humilité, a été très structurante pour moi.

Elle cherche un appartement. Elle en trouve un à Yutz (Moselle), à une trentaine de kilomètres de Metz, puis dans cette même ville. Elle a choisi cette région parce que son jeune frère, mon oncle maternel, Rabii, y vit et elle souhaite se rapprocher de lui pour ne pas être totalement isolée. Elle n'a encore ni fiches de salaire ni déclaration d'impôt, ni justificatifs de revenus ni garant, mais le propriétaire, un gendarme, lui fait instinctivement confiance et décide, malgré tout, de nous louer son bien. Il a tout simplement posé un regard bienveillant sur cette maman qui voulait ce que veulent toutes les mamans : garantir un avenir serein à ses enfants. En quelques semaines, après cette location, notre vie change. Mon frère et moi sommes inscrits au collège et, dans la foulée, une vie normale reprend. En quelques jours, ma mère trouve du travail dans la restauration. Leçon d'humilité et de courage : en quelques semaines, elle est passée de gérante d'un restaurant italien au Maroc à serveuse dans un bar en Moselle. J'ai compris alors que ce n'est pas parce qu'on connaît des difficultés qu'on doit se poser éternellement en victime et se trouver des boucs émissaires. J'ai saisi aussi qu'il n'y a ni mal ni honte à demander ponctuellement de l'aide quand on subit un accident de la vie, surtout lorsqu'on est déterminé à s'en sortir. Ce qui fut notre cas. Cette étape de notre vie fut pour moi un moment d'apprentissage qui m'a structurée autour de la valeur travail.

De plus, il faut le reconnaître, peu de pays au monde permettent cela : un bailleur qui nous loue son appartement, avec, comme seule garantie de la solvabilité et du sérieux de ma mère, son feeling… ! Les premiers à nous meubler l'appartement sont les bénévoles d'Emmaüs – une association qui me tient à cœur et que je suis partie visiter quelques jours après ma prise de fonction en tant que ministre chargée aussi de la Vie associative.

Ma mère est allée très simplement expliquer aux compagnons d'Emmaüs sa situation de femme isolée, avec deux enfants à charge, les raisons de notre retour du Maroc et la période difficile qu'elle traversait. Nous sommes livrés trois jours plus tard, comme s'il s'agissait d'un simple déménagement. Pour un regard extérieur, nous recevions des meubles commandés la veille auprès d'une grande enseigne.

Je passe deux ans en Moselle. Ma mère, portée par l'amour, décide de rejoindre Babbo au Maroc, une fois le traumatisme des attentats atténué par le temps. C'est ainsi que, mineure, suivant l'amour que ma mère porte à cet homme, je retourne à Casablanca où je suis inscrite au lycée Lyautey. J'y obtiens mon baccalauréat en 2007 avant de revenir dans l'Hexagone, à Nantes cette fois, pour intégrer une classe préparatoire et ainsi accéder progressivement à mon indépendance.

Nantes, je vais la découvrir avec ma mère pour la première fois en plein été. J'arrivais alors comme étudiante. Les rues étaient vides, Nantes était d'un calme apaisant pour notre première rencontre. Je m'installe dans un petit appartement rue Kervégan, l'une des plus connues de la ville. Il s'agit d'une artère vivante, animée de bars et de restaurants avec des dizaines d'immeubles classés. Mon petit appartement est situé dans un de ces bâtiments mythiques où tout penche, absolument tout, parce que nous sommes sur une île sablonneuse qui fait le charme de ce quartier.

Nantes, j'en suis tombée amoureuse, amoureuse de la Loire et de l'Erdre, amoureuse de l'accueil des Nantaises et des Nantais, amoureuse de ses trésors cachés, de ses paradoxes. Une ville de caractère, une cité où tout est possible, une mini France. Un trésor.

Nantes, c'est la ville où je me suis construite, qui m'a adoptée ; Nantes c'est le premier lieu où je me sens chez moi et où, quoi qu'il arrive, je reviens. J'ai l'impression qu'elle me ressemble. Nantes est bretonne et ligérienne, elle a refusé le déterminisme auquel elle était promue. Nantes l'héritière d'Aristide Briand, d'Olivier Guichard, d'André Morice mais aussi de Paul Bellamy. Elle conjugue l'ambiance de la rue Jean-Jacques-Rousseau et de l'ancienne place Louis XVI. Nantes n'exclut pas, Nantes conjugue les identités, elle s'est construite avec ses cicatrices et fait honneur à ses audacieux.

Nantes, c'est cette ville où on imagine, comme à travers les yeux de Jules Verne, pouvoir faire un tour du monde en quatre-vingts jours. Nantes, c'est hier, aujourd'hui et demain, peu importe la configuration, peu importe ma vie.

À partir de là, le temps s'accélère et je me découvre très vite un goût immodéré pour l'engagement. J'étais impatiente de rejoindre la vie active pour me prendre en charge et entamer la réalisation de tous mes projets. À dix-huit ans, on a des étoiles plein les yeux. On veut tout faire : voyager, changer le monde, faire des rencontres, multiplier les expériences humaines. En somme, on est pressé de grandir.

À vingt ans, je deviens propriétaire. J'avais décidé d'établir mon « camp de base » près de Nantes. Le propriétaire avait un grand bien qu'il n'arrivait pas à vendre. Il s'était fait un point d'honneur de ne pas le céder à un promoteur immobilier. Il avait donc créé des lots et cherchait à en faire une sorte de résidence qui accueillerait plusieurs générations. Nous sommes quelques-uns à accéder à la propriété en achetant chez lui. Je suis la benjamine et les plus âgés ont une soixantaine d'années. Entre les deux, des jeunes couples, des trentenaires et des quadragénaires. Ce melting-pot est une extraordinaire source d'enrichissement, car il m'a permis de comprendre l'entraide, de consolider l'esprit de bienveillance, d'accroître mon autonomie et de saisir, par ailleurs, les bienfaits du bon voisinage.

J'ai très vite commencé à travailler dans des cabinets pour opérer des levées de fonds et c'est ainsi que je me suis retrouvée, dans le cadre d'un échange associatif, au Québec. J'étais partie pour l'UMP, dans le cadre du comité d'action politique franco-québécois (CAP-FQ), une organisation internationale à but non lucratif qui cherche à promouvoir les relations entre la France et le Québec.

Nous sommes en 2010. Je suis partie durant sept semaines, entre septembre et octobre, deux mois après que Nicolas Sarkozy, alors président de la République, a tenu son fameux discours de Grenoble. Attirée par le dynamisme de ce monstre politique, j'ai rejoint les jeunes de l'UMP à dix-huit ans à peine. Je suis profondément libérale. Chez Nicolas Sarkozy, j'ai adoré le principe de méritocratie mis en avant. Cette idée d'être défini par ce qu'on fait et non par notre origine, notre croyance ou notre couleur de peau.

Mais ce discours, trois ans après mon intégration des jeunes de l'UMP, m'a complètement refroidie, tant il était loin de mes principes. Je ne vais pas le commenter ici puisque l'intéressé lui-même fera son mea-culpa quatre années plus tard. En tout état de cause, je comprenais déjà, malgré mon inexpérience, que je ne devais pas faire de la politique à n'importe quel prix et qu'en aucun cas mes convictions profondes ne seraient bradées.

Je restais donc deux mois au Québec, en tant que stagiaire au cabinet ministériel québécois du Tourisme. Le soir, après les heures de travail, les discussions animées avec mes colocataires, des Français venus d'horizons divers, tous au Canada pour des motifs similaires au mien, m'ont appris à gérer les différences de points de vue, à respecter les contradicteurs et à débattre, en utilisant des arguments et rien d'autre que des arguments. Je n'avais jamais autant échangé avec des personnes. Nous étions là-bas alors que le Québec s'interrogeait sur son identité. Les débats étaient bouillonnants puisque notre présence coïncidait avec l'émergence de vifs dialogues autour du bilinguisme et de l'indépendance de cette région.

Après ma courte période québécoise, je reviens à Nantes, à la fac de droit. Mais très vite, l'appel de la vie active est plus fort et je décide d'entamer une carrière professionnelle alors que j'ai à peine dépassé la vingtaine. Mon rôle de chargée de mission de développement des partenariats entre les secteurs publics et privés favorisant le développement durable au sein de Sagemcom me permet de gagner une incroyable expérience. Je parcours des milliers de kilomètres dans ma voiture floquée aux couleurs de l'entreprise, à la découverte de la Bretagne, de la Charente-Maritime et des Pays de la Loire pour aller à la rencontre de mes prospects et clients. Très vite, je fais mes preuves, et mon envie de réussir ce que j'entreprends me permet de gravir les échelons. Je suis à l'image de celle qui monte toujours les escaliers par trois marches pour arriver le plus tôt à destination.

En 2013, âgée de vingt-quatre ans, je prends du galon et deviens chargée d'affaires commerciales auprès de collectivités du Grand Ouest. Mon rôle consiste à vendre des serveurs numériques. Sans être surdiplômée ni pistonnée, juste un bac en poche – les prépas n'ayant pas de vertus diplômantes –, je me retrouve propulsée, à force de persévérance et, je le dis modestement, de sérieux, comme cadre avec un salaire confortable pour quelqu'un de mon âge. Cela me permet de me stabiliser et ainsi d'accélérer un parcours fait désormais d'engagement politique et d'ambitions professionnelles. Mais mon tempérament ne me pousse pas vers la facilité. Près de dix-huit mois plus tard, je décide de lâcher ce poste pour aller rejoindre une coopérative qui, de mon point de vue, met l'humain au-dessus du gain. C'est à partir de là que je connais la vie syndicale, à travers la CFTC et ses particularités, que je découvre aussi le syndicalisme européen, me rends à Bruxelles et côtoie les institutions européennes. La Confédération française des travailleurs chrétiens pour une laïque convaincue... un comble ! Mais un parcours de vie est aussi fait de surprises.

Toutes ces périodes d'apprentissage – c'est ainsi que je les vois aujourd'hui – et ces voyages m'ont fait littéralement grandir, m'ont aidée à prendre confiance en moi et ont confirmé cette envie de politique et d'engagement au quotidien. Quelques années plus tard, aux élections municipales en 2014, je décide de rejoindre François Bayrou, qui va devenir un modèle inspirant, structurant, comme mon mentor en politique. En croyant en moi, il me permet de gagner en maturité et en assurance. C'est aussi celui auprès duquel je comprends l'étendue de l'expression « engagement politique ». Je comprends aussi qu'il est possible de réunir, sous une même bannière, pour les principes républicains et un projet commun, des personnes venant de gauche et d'autres formées à droite.

En mai 2015, un an quasiment après les résultats des municipales de 2014, Xavier Bruckert démissionne de la tête de la fédération Modem de Loire-Atlantique. Marc Fesneau, alors secrétaire général de notre formation, vient rendre visite à notre fédération et, à ma grande surprise, m'exprime sa confiance et celle de François Bayrou, en me nommant à la présidence par intérim de la fédération. Il fut l'un des premiers, sinon le premier, à me donner ma chance en politique. Je ne l'oublierai pas, car la mémoire et la loyauté en politique sont des valeurs essentielles.

Cette période d'apprentissage, c'est ainsi que je la vois aujourd'hui, m'a amenée à ravir la députation au sortant, le socialiste Michel Ménard, toujours sous les couleurs du Modem, devenu, dans l'intervalle, l'allié d'une personnalité que peu d'observateurs attendaient un an avant la présidentielle de 2017 : Emmanuel Macron.

Agir, et vite !

Être nommée ministre, beaucoup l'ont déjà dit avant moi, ce n'est pas une gratification. Ni un cadeau ou une récompense. Il s'agit d'une mission qui honore, d'une charge inestimable. Une responsabilité lourde qui amène « l'heureux élu » à se surpasser pour servir la collectivité, mener à bien la politique décidée par le président de la République, mise en application par un Premier ministre, Jean Castex, tenu de jouer le rôle de capitaine, à la tête d'une équipe gouvernementale. Être ministre, c'est donc assumer simultanément une responsabilité personnelle et une charge collective. Être solidaire en toutes circonstances, ne pas fuir dans la difficulté et partager les succès.

On pourrait se dire que le paragraphe qui précède fait partie d'une langue de bois à laquelle tous les responsables politiques seraient rompus. Mais en réalité, il n'y a pas plus vrai, plus sincère, plus fort que ce que je viens d'énoncer. Je ne nie pas qu'il existe parfois de la langue de bois en politique ; je n'aime pas en faire, mais s'il doit rester un moment de vérité, c'est lorsqu'un membre d'un gouvernement, apprenant sa nomination, se retrouve seul, avec sa conscience, ses angoisses, ses peurs, ses craintes, ses appréhensions, ses questionnements. Serai-je à la hauteur ? Vais-je réussir ? La tâche sera-t-elle ardue ? Surmontable ? Mentirait celle ou celui qui, nommé ministre (ou secrétaire d'État), dirait n'avoir pas été traversé par le doute. Je crois que l'une des premières choses que l'on fait, c'est se préparer mentalement. C'est être capable psychologiquement de garder son calme, en toutes circonstances, et d'agir, guidé à la fois par sa conscience et sa raison. Il s'agit de contrôler ses émotions. La gestion des affaires de la cité n'est guidée ni par le bonheur ni par la tristesse, elle n'est nourrie ni par la joie ni par la colère. Le grand Winston Churchill disait : « Le succès, c'est d'aller d'échec en échec sans perdre son enthousiasme. » Lue au premier degré, la sortie de l'illustre Premier ministre britannique peut prêter à sourire. Celui qui fut, en son temps, le roi incontesté de la *punchline*, pour reprendre une expression contemporaine, avait ce don de proposer des citations qui pouvaient paraître légères au premier abord, mais qui, en vérité, dissimulaient une incroyable profondeur.

Aller d'échec en échec sans perdre son enthousiasme, c'est aussi se dire que je ne me laisserai pas submerger par l'émotion en cas de coup dur, c'est se répéter que la raison et une foi inébranlable en l'avenir doivent servir de gouvernail à mon action. Il s'agit d'accepter l'idée de trébucher, de ne pas aller assez vite, tout en continuant d'avancer quoi qu'il advienne. Un ministre, à l'instar de tout responsable politique, ne se plaint pas, il ne se pose pas en victime, il ne justifie pas ses échecs, il les assume.

C'est donc armée de cet état d'esprit que je rejoins le gouvernement pour donner plus de corps à mon engagement politique.

Ma première grande émotion en politique fut ma victoire aux élections législatives de juin 2017, dans la cinquième circonscription de Loire-Atlantique, cette circonscription que j'aime tant : dix-neuf communes, dix-neuf spécificités, dix-neuf pépites à la fois urbaines et rurales. Ce territoire reste indescriptible de beauté et d'étonnements. Au début, il y a de la fierté et même un peu d'euphorie. Néanmoins, lorsque je comprends que plus de 60 % des électeurs ont placé en moi leur confiance pour que je mette tout en œuvre afin d'essayer d'améliorer leur quotidien et leur vécu, je commence à saisir la nature réelle de la mission. Ce territoire, de Nantes à Nort-sur-Erdre, de Carquefou à Sucé-sur-Erdre, je l'ai choisi, c'est là où j'ai construit une part de moi, une attache qui rend tout possible ! C'est pour ce territoire, pour ses habitants qu'est le premier de mes engagements, ma plus belle histoire humaine. La richesse et l'envie de faire. J'y ai tout amené et je continuerai.

J'ai vingt-huit ans l'année de mon élection comme députée et nous sommes alors, avec Gabriel Attal, parmi les benjamins de l'hémicycle, et plus tard du gouvernement, puisque nous sommes tous les deux nés le 16 mars 1989. Dès la remise de la traditionnelle mallette parlementaire, de l'écharpe tricolore et de la cocarde, et l'installation à l'Assemblée nationale, je me mets au travail en m'investissant pleinement sur les questions relatives à l'économie sociale et solidaire (ESS). C'est ainsi qu'au lendemain de la période estivale, en octobre, je m'empresse, avec cinq autres collègues[1], tous issus des rangs du Modem, de déposer un amendement pour rendre efficace et surtout cohérent l'article 81 de la loi dite ESS qui autorise les fondations d'entreprise à recevoir des dons et des legs à la fois de mandataires sociaux, de sociétaires, d'adhérents ou d'actionnaires de l'entreprise fondatrice, voire du groupe d'entreprises auquel elle appartient. Faute d'avoir modifié, depuis 2013, un des articles, l'extension de capacité juridique introduite par la loi en question n'avait pas trouvé sa concrétisation fiscale puisque seuls les dons des salariés pouvaient être déduits de l'impôt sur le revenu. L'amendement que nous avons déposé[2], certes de nature technique, allait permettre tout simplement une mise en cohérence entre les dispositions juridiques et fiscales.

Mais l'un des moments les plus inoubliables de cette législature fut, sans nul doute, cet instant du début de mandat, en juillet 2017, où le président de la République a décidé de réunir les parlementaires des deux assemblées à Versailles. Convoquer le Congrès, en début de mandat, est inédit sous la

1. Jean-Noël Barrot, Jean-Louis Bourlanges, Mohamed Laqhila, Jean-Paul Mattei et Patrick Mignola.
2. Amendement n° I-CF204. Déposé le vendredi 6 octobre 2017.

Ve République. Le chef de l'État a souhaité s'exprimer devant la représentation nationale : cinq cent soixante-dix-sept députés et trois cent quarante-huit sénateurs rassemblés dans le prestigieux hémicycle de la salle du Congrès située dans l'aile du Midi du château de Versailles, construit en 1875 sous la IIIe République.

Il y eut, on s'en souvient, quelques critiques, totalement inutiles, qui dénotaient de cette posture oppositionniste enclenchée, de façon régulière, par des figures politiques toujours promptes à faire un procès d'intention à Emmanuel Macron, élu deux mois plus tôt. Leur but était de faire croire qu'il était déjà dans une dérive autoritariste, qu'il méprisait les institutions et le rôle du Premier ministre, et toutes les litanies outrancières qui n'honorent guère l'action politique. En vérité, et la plupart des parlementaires des différents bancs l'ont compris ainsi, on gouverne aussi, en début de mandat, à travers la force du symbole. Or, le château de Versailles est un lieu chargé d'histoire et fut notamment le théâtre d'un événement fondateur de notre démocratie : la naissance de l'Assemblée nationale le 15 juin 1789. Nicolas Bergasse, Honoré-Gabriel Riqueti de Mirabeau et Emmanuel-Joseph Sieyès, pour ne citer qu'eux, y ont donné naissance à notre démocratie parlementaire au lendemain de l'abolition des privilèges et de l'édification de la République. Le 20 juin 1789, les délégués du tiers état aux états généraux prêtèrent serment dans la salle du Jeu de paume. Une scène immortalisée par un tableau que j'ai accroché sur le mur de ma permanence, conservé par mon suppléant Luc Geismar. C'est là, depuis ce bureau, que j'ai goûté à la politique de terrain, qui ne m'a plus jamais quittée. En allant, au quotidien, avec les autres membres de mon équipe, à la rencontre des citoyens et des acteurs de la vie associative, agricole et économique. Depuis, Florence et Sophie poursuivent leur chemin alors qu'Océane a été vers de nouvelles aventures professionnelles.

Ce n'était pas la première fois, depuis la réforme constitutionnelle de 2008, qu'un chef de l'État s'exprimait devant le Congrès de Versailles. La prise de parole d'Emmanuel Macron succédait ainsi à celle de Nicolas Sarkozy en juin 2009 et à celle de François Hollande en novembre 2015. Il faut justement rappeler que le Congrès est habilité à se réunir en cas de révision constitutionnelle et lorsque le président veut s'adresser directement aux deux assemblées, comme le prévoit l'article 18 de la Constitution. Dans ce cas précis, le propos du chef de l'État n'est sanctionné par aucun vote. Le président voulait, dans un souci de transparence, inaugurer une nouvelle tradition politique : rendre compte régulièrement de son action devant les deux assemblées. « Trop de mes prédécesseurs se sont vu reprocher de n'avoir pas fait la pédagogie de leur action ni d'avoir exposé le sens et le cap de leur mandat », a-t-il alors précisé. Et il avait raison. Il rééditera la démarche avant que la crise sanitaire ne vienne nous imposer une autre façon de fonctionner.

Quoi de plus louable que de tenir informés les parlementaires et de faire, à travers eux, la pédagogie nécessaire pour expliquer l'action aux électeurs ? Malheureusement, quand on fait de la politique, *a fortiori* lorsqu'on fait partie d'une majorité aux affaires, on doit apprendre à faire face à des attaques sournoises, intellectuellement malhonnêtes et totalement stériles. C'était le cas en l'espèce. La crise des Gilets jaunes va nous montrer justement que le temps passé à polémiquer inutilement est si chronophage qu'il peut, à raison, donner l'impression que le responsable politique ne fait que parler et qu'il n'agit jamais. Le refus de certains partis politiques d'imaginer participer à créer un climat consensuel autour d'un sujet et cette façon de se confiner dans une stricte logique d'opposition, en toutes circonstances, n'honorent pas certains élus et jettent le discrédit sur l'ensemble de l'action politique. Mais passons.

Quand on devient législateur, on doit prendre le temps de se forger sa propre opinion, notamment sur les sujets complexes, ceux qui touchent à l'humain. Donc on temporise, on réfléchit et on s'informe. On essaie d'éviter la réaction systématique, encore davantage l'impulsivité. Un vote rentre dans l'histoire. On tente de se projeter. Je n'aurais pas voulu, par exemple, quand était en débat la question de l'abolition de la peine de mort, me rendre compte *a posteriori* que j'étais du mauvais côté de la barrière. Il faut donc saisir les évolutions de la société, se rapprocher de ses aspirations profondes et voir au plus près les dynamiques avec ce rôle : protéger et faire avancer. L'idée que je me fais de la politique ne se résume pas à des joutes verbales et à des envolées lyriques, même si, dans certaines circonstances, la force du verbe est en mesure de faire avancer des sujets ou de débloquer des situations. Toujours est-il, et quoi qu'on en pense, que l'action politique ne se résume ni aux propos séduisants contenus dans l'œuvre de Platon ni aux intenses affrontements aux relents dramatiques entre Calliclès et Socrate, le premier en rhéteur refusant obstinément d'accepter les arguments du second. L'action politique ne se résume ni à des sophismes, aussi séduisants soient-ils, ni à des lapalissades répétées sur les réseaux sociaux.

Le propos du responsable politique, me semble-t-il, doit être incarné, vécu avec conviction et porté avec détermination. Ce n'est pas un « gros mot ». Il faut demeurer aligné et en cohérence avec soi-même. Faute de quoi, apparaîtront la sécheresse et la vacuité de sa pensée, créant les conditions du divorce avec les citoyens qui ne sont ni dupes ni ignorants, mais le plus souvent très attentifs à nos actions individuelles et collectives.

La noblesse de la politique, c'est faire en sorte que son action, son temps servent la collectivité. Tout ou presque est politique. Tout fait social est évidemment « politisable ». Toute chose liée à un phénomène social, dès lors qu'elle devient un sujet de préoccupation générale, est transformée en fait politique, presque *de facto*. Tout est politisable. Tout ce qui intéresse les citoyens. C'est donc dans cette démarche que je me suis très tôt inscrite. Et s'il y a des sujets, surtout ceux liés aux questions sociétales, qui m'intéressent plus que d'autres, j'ai appris, au fil des années, à développer encore davantage ma curiosité naturelle et à explorer chaque chose qui m'était inconnue.

J'ai suivi les conseils de mes aînés de l'Assemblée nationale, je pense notamment à Jean-Louis Bourlanges ou André Chassaigne[1], pour ne citer qu'eux, qui font partie de ces parlementaires qui accompagnent toujours les jeunes députés. Au-delà des clivages partisans habituels, ceux que je viens de citer, mais aussi d'autres, à l'image d'Éric Woerth, m'ont offert une extraordinaire bienveillance, une reconnaissance des efforts que j'accomplissais. En somme, ce sont des acteurs politiques qui saluent le travail parlementaire.

J'ai commencé à m'intéresser aux subtilités de la mission d'un parlementaire. Dans un État de droit, bâti sur un socle législatif, le député, comme le sénateur, agit à la base. Il participe à changer les choses en réfléchissant à toutes les dispositions législatives qui pourraient présenter un bienfait pour la collectivité. Certes, toutes les lois ne sont pas systématiquement bonnes et parfois certaines doivent être amendées, corrigées ou abrogées, mais globalement, les députés agissent, en leur âme et conscience, pour permettre au citoyen d'améliorer son quotidien, de l'adapter aux contextes qui l'entourent et qui viennent souvent le percuter.

Très attentive aux questions d'économie sociale et solidaire, j'ai voulu valoriser l'ensemble des attributs

---

1. Le président du groupe de la Gauche démocrate et républicaine à l'Assemblée nationale.

de cette économie au visage humain, plus juste et non délocalisable, et ainsi faire des propositions pour permettre de lever toutes les contraintes qui pèsent sur elle. Mon intention, en tant que députée, était de challenger le gouvernement afin que son action, dans sa globalité, puisse construire un modèle social qui place l'humain au centre de ses préoccupations. J'ai été élue pour un projet, pour réaliser ce que je pense être juste et bon pour les Français et mon territoire. Il était hors de question de rester dans les slogans ou la promesse. Je fais partie de cette génération, de ces gens qui font, qui agissent. C'est ainsi que j'ai commencé à me distinguer. Mon ambition consiste à mettre à profit toute mon énergie afin que l'on puisse, sans tapage ni communication inutile, faire avancer des sujets essentiels.

Simultanément, j'accentue mon militantisme et, grâce à la confiance placée en moi notamment par François Bayrou et notre très regrettée Marielle de Sarnez, je suis élue, en 2017, après avoir été présidente par intérim de la fédération de Loire-Atlantique du Modem. L'année suivante, je suis désignée porte-parole nationale du mouvement avant d'intégrer le bureau exécutif du parti.

Les choses vont, dès lors, s'accélérer : je suis chargée, à l'Assemblée nationale, de siéger au sein de la commission des Finances et je deviens, en même temps, rapporteur spécial, sur la loi de Finances, du budget « sport, jeunesse et vie associative ». En 2019, je me vois confier, par le Premier ministre Édouard Philippe, une mission « Pour une philanthropie à la française ». C'est dire que mon emploi du temps de députée, si je devais lancer une boutade, est déjà celui d'une ministre un an à peine après mon élection.

Je suis en train d'atteindre plusieurs de mes objectifs personnels. Ils ne sont pas d'ordre matériel, mais transcendent au contraire cet aspect. Ils sont intimement liés à ce désir de France qui m'a toujours poussée à servir mon pays. Je n'ignore pas que la crise des Gilets jaunes a mis en relief un fossé entre les dirigeants politiques, les élus que nous sommes, et les classes populaires. Non seulement je le constate, mais j'agis, localement, dans ma circonscription, notamment au moment du « grand débat », pour essayer de déployer justement ce nécessaire échange qui me permettra de recréer du lien entre le politique et le citoyen. C'est mon rôle en réalité. J'organise plus d'une douzaine de grands débats ; je me souviens de celui de Casson où j'invite Muriel Pénicaud, en déplacement dans le Maine-et-Loire, à me rejoindre, pour un échange franc et direct avec les Cassonnais. C'est un grand succès. Des échanges exigeants et sans complaisance avec des citoyens engagés et respectueux. Je le précise pour souligner que tout n'est pas noir et qu'il peut exister des moments positifs et collectifs entre les élus et les Français.

Ce fossé existe néanmoins parce que, pendant plusieurs années, des gouvernements successifs ont accumulé les erreurs. Un parisianisme, une approche souvent élitaire qui donnent cette mauvaise impression aux habitants des autres territoires de l'existence d'une morgue jacobine qui ne prend en compte ni leurs attentes ni leurs problèmes. Mais il y a d'autres considérations qu'il ne faut pas nier : le rôle négatif, je dirais toxique, joué par certains partis qui ont fait du populisme et de la démagogie une ligne de conduite.

Marine Le Pen et Jean-Luc Mélenchon, par exemple, font croire qu'eux ne seraient pas du « système ». Mais le président de la République est natif d'Amiens, de parents médecins ; Édouard Philippe de la Seine-Maritime, ayant grandi dans la banlieue de Rouen, né de parents enseignants, comme Jean Castex. Je n'oublie pas Gérald Darmanin, né d'un père tenancier de bar et d'une mère femme de ménage issue de l'immigration, et dont le grand-père algérien s'est battu, pour le drapeau tricolore, dans les tranchées. Ou Jean-Michel Blanquer dont le père était avocat et la mère enseignante. Je pense aussi à Jacqueline Gourault, ministre de la Cohésion des territoires et des Relations avec les collectivités territoriales, dont le père était vendeur de bestiaux. Et j'en passe. Je pourrais énumérer ainsi longtemps, sans citer de nouveau mon propre parcours, les milieux socioprofessionnels dont est issue l'écrasante majorité des élus, au pouvoir, ou dans l'opposition. Alors oui, quand j'entends Marine Le Pen, héritière d'une entreprise politique familiale, qui a vécu toute sa vie dans un château, bien loin du besoin et de la misère, ou encore Jean-Luc Mélenchon, qui a été durant quasi un demi-siècle, député, sénateur, ministre ou député européen, et qui a commencé à faire de la politique avant la naissance d'Emmanuel Macron et celle de la moitié des membres du gouvernement, critiquer le « système », cela me fait doucement rire, jaune. Système ! Système ! J'ai une tête de système ?

Je n'aime ni la polémique ni les outrances. Mais je pense que certaines vérités gagneraient à être davantage soulignées afin que personne ne soit trompé par une rhétorique populiste dont le seul objectif vise à éveiller les instincts les plus primaires et à susciter la passion et la colère. J'ai adoré les moments des débats intenses avec les Gilets jaunes. J'ai vu justement la colère des citoyens. Parfois justifiée : la conscience que les fins de mois sont difficiles, l'assistanat, la justice devant l'impôt. J'ai vu des personnes raconter leurs galères publiquement. Exprimer parfois leurs souffrances. Ceux que j'avais en face de moi n'avaient absolument rien à voir avec tous ceux qui ont fait dériver le mouvement vers la violence et les menaces contre l'ordre républicain. J'ai eu la chance, en tant que députée, d'avoir face à moi des personnes mécontentes, certes, mais respectueuses du débat républicain. Après la crise des Gilets jaunes, j'ai organisé plus d'une douzaine de rencontres lors du grand débat. J'ai accepté, pour dire les choses trivialement, de « prendre », pour notre majorité, car c'était la règle du jeu. J'appartiens à un parti politique, le Mouvement démocrate (Modem), qui fait partie de l'alliance présidentielle, il fallait naturellement être à la fois solidaires et unis, non pas contre les Gilets jaunes, mais auprès d'eux pour essayer de leur expliquer les choses quand ils se laissaient aller à des jugements hâtifs, ou trouver des solutions lorsque, objectivement, ils avaient raison sur certains points.

Les gens racontaient leur galère, exposaient leurs difficultés. Le plus souvent, c'était argumenté. Dans cette situation, l'élu n'a qu'une chose à faire : parler et expliquer sans cesse l'action qui est la sienne. D'autant plus qu'à l'heure de la politique du clic où l'on a tout, tout de suite, tout le temps et à toute heure, il est parfois difficile de faire admettre la complexité et le temps long, car tout ne peut pas être toujours aussi simple que valider un panier sur un site marchand. Ce choc des temporalités fait partie des décrochages entre le citoyen et l'action publique. Il faut le dire, hormis la fausse promesse du populisme et de la démagogie, aucune proposition politique sérieuse ne peut changer le cours des choses sans prendre en compte le temps.

J'avais en face de moi un agent immobilier, la compagne d'un gendarme, un agriculteur, un fonctionnaire, en tout cas plusieurs représentants de la classe moyenne supérieure. Pas d'extrémistes « anti-tout », mais des personnes vivant dans des pavillons qui venaient aux réunions dans de belles voitures. Ils n'avaient visiblement pas de problèmes dans leur quotidien, ils craignaient le futur qui attendait leurs enfants. Ils craignaient pour leur retraite. Ils avaient envie de discuter et juste d'être écoutés et compris. Ils pouvaient ne pas être d'accord, me contredire, mais il n'y avait rien d'irrespectueux ni de violent. Il me fallait, en tant qu'élue, me saisir de cette situation et être à l'écoute de citoyens mécontents.

Mes interlocuteurs donnaient parfois l'impression qu'ils avaient perdu confiance en l'avenir, dans leur pays, voire dans la chose politique. Certains contestent, protestent, mais iront choisir l'abstention. Cela fait partie évidemment de ces paradoxes qu'il faut à la fois analyser et traiter.

C'est avant cette période qu'Édouard Philippe me reçoit, pour un entretien convivial, à la veille du premier remaniement décidé en octobre 2018, après la démission de Gérard Collomb de son poste de ministre de l'Intérieur. Il s'agit d'un simple entretien envisageant éventuellement une entrée au gouvernement. Nous avons, avec le Premier ministre, un échange fort cordial, qui n'aboutit cependant pas à ma nomination. Ils ont épluché toute ma vie, et ce n'est pas plus mal puisque c'est ce qui permettra de passer cette étape avant mon entrée au gouvernement deux ans plus tard.

Lorsqu'Édouard Philippe est remplacé par Jean Castex au début du mois de juillet 2020, nous sommes en pleine crise sanitaire. La constitution du nouveau gouvernement, on s'en souvient, ne prend pas en compte, dans un premier temps, les secrétaires d'État. Durant cette période, entre la constitution des membres de l'exécutif et le moment de compléter l'équipe, je suis reçue au ministère de l'Éducation nationale, à deux reprises, par Jean-Michel Blanquer qui m'affirme, en toute clarté, qu'il me veut à ses côtés. À partir de là, c'est l'attente.

Elle va durer plus de trois semaines. Le dimanche 26 juillet, le communiqué de l'Élysée est distribué aux médias. Il précise la nomination de onze secrétaires d'État[1]. Je connais déjà très bien Nathalie Élimas qui est une « voisine » à l'Assemblée nationale, mais également Joël Giraud et Olivia Grégoire avec qui nous avons partagé les mythiques nuits de la loi de Finances.

« Sur la proposition du Premier ministre, le président de la République a pris un décret modifiant la composition du gouvernement : sont nommés secrétaires d'État [...]. »

Le message est concis, mais officiel et très protocolaire. Lorsque l'on voit ou que l'on entend son nom, on saisit immédiatement que sa vie vient de changer, non pas en termes de « statut social », mais de charge et de responsabilité. C'est une entrée dans un long tunnel où l'on n'est plus totalement maître de son temps. La vie est désormais consacrée exclusivement, ou presque, à la chose publique, aux autres. Beaucoup pensent que la vie d'un ministre est faite de jouissances et de plaisirs. Non, le quotidien d'un membre du gouvernement est fait d'interminables journées, de dîners en famille interrompus, de déjeuners en terrasse qui ne voient même pas l'entrée arriver, d'événements imprévus ou de déplacements réguliers qui empêchent la vie privée de se dérouler normalement. C'est ce qui

1. Sophie Cluzel, Jean-Baptiste Lemoyne, Clément Beaune, Bérangère Abba, Nathalie Élimas, Cédric O, Olivia Grégoire, Laurent Pietraszewski, Joël Giraud, Adrien Taquet et moi-même.

s'est produit lors du drame du 28 mai 2021 quand La Chapelle-sur-Erdre, au cœur de ma circonscription, a vécu au rythme d'un crime perpétré contre une policière municipale gravement blessée par une attaque au couteau[1] et des gendarmes touchés lors d'un échange de tirs avec l'agresseur au moment de son interpellation. J'étais très émue en voyant ces courageux militaires défiler, le 14 juillet 2021, dans le carré des « héros du quotidien » qui reconnaissait le dévouement et l'engagement.

Un ministre, c'est aussi une personne qui peut non seulement dormir peu, mais être réveillée dans son sommeil, lorsque la situation l'impose. Je sais déjà tout ça quand j'apprends ma nomination. Et je suis prête à assumer une lourde responsabilité sans connaître les détails de la mission qui m'attend.

J'appelle toutes les personnes qui comptent pour moi, la gravité du moment est extraordinaire. Il n'a rien à voir avec l'euphorie ou la joie que l'on peut ressentir après la victoire à une élection. Je m'assois. Je me sers un verre de vin pour réfléchir. Je sens subitement que mes épaules pèsent deux tonnes. Mon téléphone explose d'appels et de messages. Il a littéralement bugué. J'arrive à appeler trois fois. Je réponds aussi à trois personnes

---

1. L'attaque perpétrée par un homme souffrant manifestement de troubles psychiatriques s'apparentait au départ à un acte terroriste. Mais les autorités judiciaires n'ont pas retenu la piste islamiste eu égard au profil psychiatrique de l'assaillant, diagnostiqué schizophrène.

seulement : François Bayrou, Marc Fesneau et Gérald Darmanin. Je veux me poser, faire une sorte de voyage intérieur afin de me préparer mentalement à assumer la mission. Je suis déjà, à ce moment-là, complètement investie. Je pose mon téléphone pour me déconnecter du monde extérieur. J'en ai alors terriblement besoin. Plusieurs idées se télescopent dans mon esprit. L'information tombe un dimanche soir, cela fait trois semaines que l'éventualité de mon entrée au gouvernement plane sur les conversations médiatiques. Désormais, c'est officiel. Mon esprit cherche à prioriser les actions que je serai appelée à mener. Je suis fière. Portée, toujours, par ce désir de France.

Je suis attendue le lendemain pour prendre possession de mon bureau, auprès de Jean-Michel Blanquer, au 110, rue de Grenelle, dans le mythique 7e arrondissement parisien, celui des ministères.

J'arrive en train à Paris, avec mon ami, collaborateur historique, qui sera mon chef de cabinet. Mon officier de sécurité, Guillaume, m'attend sur le quai de la gare. Pour l'anecdote, il était l'un des gardes du corps de Nicolas Sarkozy. Je ne l'ai jamais vu auparavant, donc je ne sais pas à quoi il ressemble au moment où je descends du TGV. Mais je l'identifie très vite grâce à son allure de policier. Et là, c'est une soudaine accélération du rythme qui se produit. Je m'engouffre dans une voiture, je suis emmenée au ministère, je suis reçue par Jean-Michel Blanquer, je suis installée dans un bureau que je connais déjà, puisqu'il s'agit de celui de Gabriel

Attal. Je rencontre mes deux assistantes, les excellentes Agnès et Nora ; mon directeur de cabinet de l'époque, que je connais déjà. Et, au boulot !

Et dans la même semaine je quitte un bureau pour en prendre un autre. Quitter l'Assemblée nationale a été un de ces moments qui compte. Je suis très émue de partir du 101, rue de l'Université, j'y ai passé des nuits, j'y ai tellement appris sur moi et sur les autres. J'y laisse trois ans de ma vie, de souvenirs, sans jamais me dire que c'est un adieu... J'ai fait mes cartons et pris mon micro-ondes dans lequel beaucoup de hachis Parmentier tout préparés sont passés.

Quelques jours plus tard, je fais ma première sortie officielle à l'hôpital Necker-Enfants malades, pour rendre visite aux jeunes volontaires bénévoles qui agissent sur place pour apporter leur aide dans la gestion du quotidien de la crise sanitaire. Je suis un peu émue. Quelques années plus tôt, mon père exerçait dans ce même hôpital. Quelques jours plus tard, je fais une autre sortie. Cette fois avec Jean Castex, le Premier ministre.

Trois jours après mon entrée au gouvernement, j'apprends que je dois prendre la parole en Conseil des ministres. Je dois y proposer le décret sur le service national universel (SNU). C'est peut-être la première fois que je ressens un trac aussi important. Jacqueline Gourault a réuni dans son ministère quelques parlementaires. Il y a François Bayrou et quelques autres collègues du Modem. Je les informe, en faisant mine de plaisanter, que je vais m'exprimer en Conseil des ministres. En vérité, sans le réclamer explicitement, j'espère avoir quelques conseils. Jacqueline Gourault me lance : « Plus c'est court, plus c'est efficace ! » ; François Bayrou renchérit : « Il faut que ça fasse moins d'une minute et il ne faut surtout pas lire. »

J'ouvre mon dossier et me rends compte que j'ai une dizaine de pages pour expliquer, devant le président, le Premier ministre et mes collègues, ce que sera le SNU. « Non », insistent mes deux interlocuteurs, évidemment beaucoup plus expérimentés que moi. « Il faut aller à l'essentiel. Ce n'est pas un exposé d'une heure, il faut que ça tienne en une minute. » Je décide naturellement de suivre leur conseil et de raccourcir mon propos. C'est à la tronçonneuse, pour reprendre une vieille expression, que je caviarde mon texte. La nuit va être longue...

Le lendemain, le 29 juillet, j'arrive en Conseil des ministres. C'est dans la salle des fêtes de l'Élysée qui doit accueillir les quarante-quatre membres du gouvernement. Dès l'entrée, les huissiers nous demandent de poser notre téléphone dans un casier nominatif. Nous signons un document de confidentialité qui nous engage à respecter le secret des communications au cours du Conseil. Chacun s'installe à sa place. En ces temps de crise sanitaire, les règles de la distanciation sociale ajoutent un caractère particulier.

Le président de la République, d'un ton très solennel, entame son propos ; comme le veut le protocole républicain, il passe ensuite la parole au Premier ministre. Commence alors un tour de table pour aborder tous les sujets inscrits à l'ordre du jour. Quand vient le tour de Jean-Michel Blanquer, mon ministre de tutelle, il annonce : « Je passe la parole à Madame la secrétaire d'État qui va évoquer le décret relatif au service national universel… »

En une minute chrono, je dirai ce que je devais annoncer ce jour-là. Début d'une belle histoire… Je l'ai faite comme je suis : simple.

Mes valeurs, mon engagement, ma bataille

Trois semaines après mon entrée au gouvernement, j'effectue avec le Premier ministre, une sortie officielle dans une « colo apprenante[1] » à Mondonville, en région toulousaine. À la question : « D'où viens-tu ? », un enfant nous répond, sans hésiter : « D'Algérie. »

Évidemment, nous ne cherchions pas à connaître les origines de ses parents, mais seulement le quartier d'où il venait. Nous reformulons alors la question : « Tu habites où ? » et ce n'est que là que le garçonnet nous indique le nom de son lieu de résidence.

La réponse spontanée et innocente de cet enfant prête naturellement à sourire, mais on ne peut pas faire l'économie d'une réflexion quant à ce qu'elle illustre comme situation, car elle est loin d'être un

1. Pour rappel, cette visite s'inscrivait dans un contexte particulier. L'épidémie de Covid-19 avait amené le gouvernement à envisager des dispositifs adaptés à la crise sanitaire. Les « vacances apprenantes » faisaient partie des outils imaginés pour permettre aux enfants de sortir du confinement tout en préparant leur rentrée scolaire dans un cadre plus ludique.

cas anodin. Elle est au contraire symptomatique de quelque chose de beaucoup plus profond que je veux aborder, puisque cette anecdote ouvre le débat sur le sujet de l'identité.

Il est un fait anormal que nous devons analyser, comprendre et traiter. Aujourd'hui, certains jeunes Français, parce que nés de parents originaires de pays étrangers, ne se décrivent pas comme français. Les uns se définissent à partir d'une identité maghrébine ou turque, les autres se disant de tel ou tel pays d'Afrique subsaharienne. Une troisième catégorie, elle, se présente à travers une identité religieuse, musulmane le plus souvent. Les jeunes arrivent à trouver des repères comportant des éléments religieux, une orientation sexuelle ou une origine et, souvent, à partir de là, certains d'entre eux, suivant quelques leaders d'opinion, se laissent enfermer dans des logiques d'auto-exclusion. Quand je pense au rôle néfaste joué par Alice Coffin par exemple – et elle n'est pas la seule –, je me rends compte à quel point notre jeunesse manque de leaders à admirer, ou admire des personnes elles-mêmes en perdition intellectuelle, proposant plus de divisions que de rassemblements.

Nous ne pouvons pas en vouloir à des enfants quand on constate parfois l'état de notre société et la nature de certaines déclarations. Les responsables politiques qui se sont succédé depuis une quarantaine d'années ne peuvent pas faire l'économie d'une introspection et d'une autocritique. Trop souvent, les identités singulières ont été mises en avant, soit dans une logique assumée faisant l'apologie du communautarisme, soit dans une approche cynique privilégiant le clientélisme. Les conséquences en sont multiples : la ghettoïsation de quelques quartiers, voire de certaines communes, le refus de comprendre que le métissage et la mixité sociale font partie de ce qui caractérise la société, l'incapacité à entretenir cette merveilleuse idée d'une France intégratrice apte à brasser toutes les cultures, toutes les identités, toutes les origines, toutes les couleurs sous la bannière de l'esprit républicain. Cette France regroupait sous le drapeau tricolore les familles d'origine asiatique, issues des boat people vietnamiens, nos compatriotes des DOM-TOM, des Bretons et des Normands, des Alsaciens et des personnes venues du Maghreb, du Sénégal ou du Mali, des enfants de Portugais et d'Italiens, des juifs polonais ou roumains, des séfarades et autres pieds-noirs arrivés d'Afrique du Nord après les indépendances, enfin tous ces mélanges qui ont su, durant de longues années, faire nation et constituer une société homogène et unie dont les membres ne se définissaient pas autrement que par leur appartenance à la citoyenneté française.

Pendant longtemps, sans jamais renier leurs origines, ni même faire opposer leurs différentes nationalités, quand ils ont la chance d'en avoir plusieurs, la plupart des Français mettaient fièrement en avant ce lien, si particulier et, j'ose le mot, si privilégié, avec la France. En disant cela, je n'insinue pas que notre pays serait meilleur qu'un autre – quoique, dans certains cas, il n'y ait aucun mal à le constater –, je parle de « chance » ou de « privilège », car au-delà de la beauté de la France, de son histoire riche et de sa puissance politique et économique, il s'agit d'une grande démocratie qui consacre les libertés individuelles et collectives et qui promet, certes l'égalité, mais aussi l'équité. C'est cette promesse qui est le moteur pour un ministre. Peut-être que la chose est quelque peu abstraite pour tous les Français qui n'ont pas eu le malheur de vivre sous des régimes autoritaires ou dictatoriaux ; peut-être que cette ode à l'émancipation pourrait être perçue comme lyrique, grandiloquente ou excessive ; mais en vérité, elle ne serait vue ainsi que par ceux qui n'arrivent pas à comprendre la chance que nous avons d'être français et d'évoluer dans un État de droit qui nous permet de penser, de créer, de dire, de réfléchir, d'inventer, d'innover, de tomber, de nous relever, d'oser, d'entreprendre, de vivre ! Cet État qui soigne, qui instruit, qui protège, qui forme, qui permet des reconversions professionnelles, qui ne laisse personne sur le bord du chemin, est pourtant soumis, très souvent, à des critiques acerbes et injustes qui ne prennent pas en compte ce qu'il donne, mais seulement ce qu'il n'a pas donné ou pas suffisamment.

Je suis triste quand je vois des antivax, ou des antitout, manifester et prétendre honteusement, avec des parallèles, morbides, que nous serions en dictature. Je suis triste quand j'entends des responsables politiques ou des leaders d'opinion d'un côté dire qu'ils refusent de voir la France déroger à sa culture de l'asile et de l'accueil des réfugiés et, de l'autre, refuser de voir des Afghans, fuyant la barbarie talibane, se mettre sous la protection de la France, pays universel des droits de l'homme. Peut-on se dire patriote et piétiner à ce point ce qui fonde notre identité universaliste et humaniste ? Peut-on vraiment aimer la France tout en haïssant à ce point son histoire et ses valeurs ?

Je n'idéalise rien. Mais je sais qu'il ne faut pas être manichéen ou simpliste. Ce n'est pas parce qu'on insiste sur la chance que nous avons d'être français, *a fortiori* lorsque cela est rappelé par un responsable politique, qu'il s'agit de dire que tout est parfait et qu'il n'y a aucun problème. Je le redis, plusieurs erreurs, qu'il nous appartient désormais de corriger, ont été commises. Nous avons mis en place collectivement, et certainement inconsciemment, le plus souvent, des conditions qui ont favorisé l'émergence de mentalités tantôt communautaristes, tantôt séparatistes, créant un malaise évident et des fissures qu'il est nécessaire de combler. La responsabilité de l'État est engagée dès lors que celui-ci accueille, dans le cadre du droit d'asile ou dans d'autres circonstances, des ressortissants étrangers, sans que la question relative à leur intégration soit prise en compte et pensée dans une stratégie globale d'immigration. Cet aspect concerne évidemment les primo-arrivants livrés à eux-mêmes durant de longues années. Leur situation administrative a été gérée sans que les pouvoirs publics se soucient de leur adhésion à la communauté nationale et, quand le sujet des identités s'est posé en raison de revendications particulières à caractère communautariste ou religieux, plusieurs partis politiques et autres élus locaux, au lieu de défendre les grands principes de la République, ont préféré faire soit du relativisme culturel, soit du clientélisme afin de ne pas déplaire à certains de leurs administrés. Nous payons aujourd'hui ces errements.

Ensuite, il est nécessaire de porter un regard critique sur certains de nos compatriotes, sans amalgames ni stigmatisation. Observer tout simplement que des milieux activistes, le plus souvent, ont abusé des renoncements, des calculs étroits et des petites lâchetés pour installer une sorte de situation de fait accompli qui repose elle-même sur un discours victimaire, lequel, au passage, utilise chaque rappel ou affirmation des règles de la République comme un prétexte pour diaboliser les institutions et l'État de droit. Je m'explique : le chantage au racisme et la diffusion d'un discours fait d'auto-victimisation ont anesthésié certains responsables. Depuis l'affaire du voile à Creil en 1989, à chaque fois qu'un représentant de l'État ou un fonctionnaire cherche à faire appliquer les règles et/ou la loi, il est accusé de « racisme » et de « discrimination » tant et si bien que cette « astuce » a fonctionné et ne cesse de terrifier les différents acteurs. Chose complètement compréhensible, puisque personne n'aime être pointé du doigt et traité de « raciste », surtout quand il ne l'est pas. Cette situation a pétrifié plusieurs responsables politiques qui, pour avoir la paix sociale et éviter les polémiques qui pouvaient entacher leur image, ont choisi de se cacher derrière une démarche infantilisante qui veut que l'on accorde tout à ceux qui crient le plus, un peu comme à des enfants gâtés.

Enfin, à part le problème communautariste en tant que tel, l'activisme islamiste a incontestablement joué un rôle néfaste depuis les années quatre-vingts. Probablement que les différents dirigeants n'ont pas su le lire ni analyser sa dangerosité et surtout sa capacité à fragmenter les sociétés. Je l'ai dit plus haut, l'une des erreurs, à mon avis, est de ne pas voir qu'il ne concerne pas seulement la société française, mais qu'il s'agit d'un phénomène qui a transformé en profondeur les pays musulmans, non sans les fracturer parfois.

Être français, c'est accepter un destin commun et un héritage. C'est avoir conscience de la particularité de ce pays. Se rappeler aussi pourquoi il est formidable de faire partie de cette grande nation. Je crois que c'est lorsqu'on est à l'étranger qu'on se rend vraiment compte de cette chance. Être français, c'est probablement avoir l'une des rares citoyennetés que l'on peut intégrer, car ce n'est pas une identité qui oppose ou qui exclut, même si certains de ceux qui s'en réclament peuvent parfois avoir un comportement discriminant, estimant que cette identité serait basée sur le « sang ».

Allez définir ce qu'est un « sang français » ! En vérité, il est totalement ridicule de poser le sujet en ces termes complètement passéistes qui dénotent une mentalité archaïque et, évidemment, raciste. Il n'y a pas de « sang français », sinon dans l'esprit de quelques résidus des logiques maurrassiennes. On peut parler de sang versé pour la France, mais certainement pas d'un quelconque « sang français ».

Il faut marteler ce point, tant certains citoyens sont manipulés par des théories fumeuses. La pensée d'extrême droite, celle de Maurras comme celle de ses continuateurs et héritiers, a beaucoup insisté sur l'unité de la société, ce qui pourrait être séduisant à première vue. Or cette unité ne repose pas, dans cette idéologie, sur une adhésion à des valeurs communes, à des principes partagés, à un destin, mais sur une unité à la fois ethnique et religieuse. C'est cette fameuse théorie de la « France blanche et chrétienne », qui tourne parfois à l'obsession dans certaines constructions intellectuelles qui excluent une grande partie de la société tant elles ne prennent pas en compte l'histoire et l'apport de la communauté juive et celle de la Révolution. Ces logiques détestables n'intègrent pas non plus l'apport des Français de nos territoires et départements d'outre-mer, ni le sang versé dans les tranchées par les Maghrébins et les Africains, ni, ensuite, l'engagement des mêmes pour la libération de la France. Pas plus qu'elles ne prennent en considération l'histoire des harkis et autres Cambodgiens, Vietnamiens, Chinois, Laotiens devenus français et faisant partie de la communauté nationale désormais, qu'on le veuille ou pas. « France, blanche et chrétienne » ? Vraiment ?

Il ne s'agit pas de nier le lien qu'a entretenu la France avec la chrétienté ni de rejeter cette histoire singulière qui a fait de notre pays la « fille aînée de l'Église ». D'ailleurs, il n'est question de supprimer ni cet aspect ni aucun des autres qui viendront s'ajouter au fil du temps pour construire le pays que nous connaissons aujourd'hui. De la même manière, il serait absurde de ne pas reconnaître ce qui a fait la France contemporaine, de réclamer des autres d'accepter notre histoire et de chercher à mettre de côté la Révolution française et ce qu'elle a charrié comme valeurs. La Révolution a souligné le principe d'égalité, et a inscrit notre pays dans une optique universelle qui, depuis, lui a permis de devenir un phare au niveau international. Elle a imposé la laïcité ainsi la séparation entre les Églises et l'État, l'école publique laïque, les différentes luttes pour l'émancipation de tous les citoyens et a consacré un principe essentiel : l'égalité.

Je l'ai dit plus haut, je ne suis pas une polémiste et je n'aime pas les excès langagiers et les outrances. Je suis en revanche une responsable politique, une élue et une femme de débat. Je suis porte-parole nationale du Modem et, de ce point de vue, l'échange ne m'a jamais fait peur. Il est inhérent à notre culture démocratique. J'assume par exemple complètement de ne pas laisser un quelconque champ sémantique à l'extrême droite tant qu'il n'enfreint pas la loi et ne piétine pas l'éthique républicaine. Je ne veux pas vivre dans un monde de non-dits sur l'immigration, sur l'islamisme, sur l'identité. S'il y a bien un pays dans lequel nous pouvons avoir ce genre de débat, c'est la France. Aucun sujet, aucun, ne devrait être tabou. Tout doit nous intéresser et tout doit nous interpeller, surtout ce qui préoccupe la société.

Notre identité française, nous devons tous l'assumer dans son entièreté et aucun Français, car ce n'est pas l'esprit de la République dont nous nous réclamons, ne doit être laissé sur le bord du chemin.

Oui, la question de l'immigration doit être un sujet comme un autre. Certains descendants d'immigrés sont devenus médecins, architectes, ingénieurs. Peut-être que quelques-uns parmi les voix populistes ne le savent pas encore, mais il y en a même qui sont aujourd'hui sénateurs, députés, maires ou ministres, et qui œuvrent, du matin au soir, toute l'année, pour le bien commun tout en veillant à agir, à partir de leurs convictions profondes, au sein de leurs partis respectifs, afin que le quotidien de chaque citoyen puisse s'améliorer. D'autres, oui, issus de l'immigration, se sont laissé emporter, pour des raisons que des sociologues pourraient aisément expliquer, vers la délinquance. C'est ce qui permet à certains populistes, je pense à Éric Zemmour par exemple, de structurer leur discours autour de cela.

Quelques-uns de ces jeunes se font embrigader par les courants islamistes, qui ont semé la graine de la discrimination dans leur cœur pour les amener à rejeter leur propre pays. Faudrait-il, comme le préconisent d'autres milieux de haine, ceux de l'extrême droite, du racisme et de la xénophobie, se laisser enfermer par les discours qui essentialisent et qui invitent à observer toute personne possédant une once d'origine étrangère, perceptible par un prénom, un patronyme ou un lieu de naissance, voire une apparence physique, tel un suspect potentiel, représentant un danger indéniable pour la sécurité nationale ?

Quelques chapelles idéologiques, nous les connaissons, voudraient entraîner la société et l'opinion publique vers ce genre de facilités. Notre rôle de responsables politiques est de pointer du doigt tout ce qui doit l'être, et de veiller à ce que le sens de la nuance et la justesse du propos guident notre action. Autant il est primordial de marteler cela, qui constitue notre socle de valeurs, autant il est essentiel de préciser, par ailleurs, que nous ne devons jamais accepter que l'État, la République française, soit amalgamé avec les milieux les plus acariâtres qui s'expriment souvent indûment en son nom. Je le redis : non, l'État n'est pas raciste, contrairement à ce que prétendent certains cercles séparatistes encouragés par des forces endogènes toxiques ou par des puissances étrangères qui ont choisi des postures, à tout le moins, inamicales. Il est insupportable d'entendre ou de lire, ici et là, des déclarations mensongères, distillant des *fake news*, laissant croire que la France serait hostile aux musulmans. Ces campagnes, lancées au lendemain du discours que le président de la République a prononcé aux Mureaux, ont vocation à présenter notre pays comme ségrégationniste et haineux à l'égard des musulmans. Je refuserai toujours qu'on dise que notre pays est raciste. Parce que cela est faux, tout simplement. Notre France ne regarde ni la couleur de peau, ni l'origine, ni la religion. Et il serait hasardeux d'amalgamer les agissements condamnables de certains avec l'État. D'ailleurs beaucoup de ceux qui prétendent refuser les confusions quand on parle des islamistes (et non pas des musulmans) procèdent du schéma de pensée qu'ils disent dénoncer, puisqu'à partir d'un cas isolé, ils s'empressent régulièrement de fustiger à la fois l'État et la société française dans son ensemble. Le rôle du responsable politique, je ne cesserai de le répéter, est de manier la complexité et de l'expliquer.

Il faut préciser que ces affirmations complètement farfelues ont été encouragées par quelques-unes de nos polémiques inutiles à travers lesquelles, souvent, plusieurs responsables politiques perdent un temps fou au lieu de défendre l'image de la France, injustement attaquée. De plus, en ces temps de chicaneries de basse-cour, de chamailleries indignes du vrai débat et de ses enjeux, nous n'accordons pas, nous, la société, assez d'attention à la manière de régler le problème de la diffusion de l'idéologie islamiste et de la radicalisation d'une partie de notre jeunesse. Je ne suis pas d'accord, tant s'en faut, avec des leaders politiques comme Jean-Luc Mélenchon qui, lorsqu'il est questionné sur le sujet de la radicalisation, préfère le balayer d'un revers de main pour dire que c'est une affaire de police et de services de renseignement. Non, la question de la radicalisation islamiste – mais aussi celle liée à d'autres idéologies extrémistes – est surtout une affaire de politique. Nous ne pouvons pas raisonnablement nous défausser. Je parle des élus et des responsables. Et, de ce point de vue, quoi qu'on puisse penser, le président de la République a eu raison de prendre le taureau par les cornes, dès qu'il a saisi l'importance du moment, avant même l'assassinat de Samuel Paty, pour lancer une nouvelle dynamique et offensive nationale de lutte contre le séparatisme islamiste.

Il ne faut pas mettre la poussière sous le tapis. Il y a une idéologie : l'islamisme. J'insiste sur le fait qu'il s'agit d'une pensée dangereuse. Et à ceux qui se cachent derrière le discours victimaire pour déclarer qu'il ne faudrait pas viser les islamistes au prétexte que ce serait générateur de racisme, je réponds : quand on prétend lutter contre un racisme, on doit lutter contre tous les racismes !

Or, l'islamisme est une idéologie qui génère la haine et le racisme, notamment l'antisémitisme, l'homophobie et le rejet de ceux, parmi les personnes de culture musulmane, qui souhaitent jouir complètement de leur liberté de conscience et s'émanciper de la chose religieuse.

La situation est évidemment complexe. Il y a des écueils à éviter, surtout le manichéisme, cet esprit binaire qui globalise et essentialise en laissant entendre qu'il y aurait d'un côté les « bons » et de l'autre les « méchants ». On attribue aux uns et aux autres des caractéristiques culturelles de fait, on les assigne à résidence et on fait passer sur eux des dogmatismes et des certitudes pour prendre des décisions. Je crois qu'il faut gérer cette question de lutte contre le séparatisme avec intelligence, subtilité et nuance. Le gouvernement auquel j'appartiens au moment de l'écriture de ce livre s'y emploie. Il veille à respecter une ligne de crête fondamentale qui lui dicte de rejeter toutes les entreprises séparatistes et toutes les formes d'exclusion, de haine et de racisme. Notre postulat doit être simple : chaque citoyen doit pouvoir trouver sa place dans la dignité et dans le strict respect des lois et des règles.

Je pense qu'il est nécessaire de multiplier les moments de rencontre entre la République et les citoyens. L'un des premiers lieux pour organiser ces instants importants, c'est l'école. Je crois qu'il faut surtout créer des temps forts, à connotation républicaine, entre parents et enfants. La remise du diplôme par exemple, à commencer par le brevet, devrait être un moment solennel, un creuset, pour célébrer ce temps si marquant pour les familles. Oui, il est nécessaire de donner naissance à des rituels républicains. Une cérémonie identique pour l'ensemble du territoire national. J'ai fait cette expérience, en tant que députée, dans le collège Agnès-Varda de Ligné, près de Nantes. Le maire de cette commune, le dynamique Maurice Perrion, élu très engagé sur les questions républicaines, avait activement soutenu cette cérémonie de remise des brevets. Au début, les adolescents venaient, un peu timidement, récupérer leur document et repartaient mécaniquement. Mais progressivement, la fierté commençait à se dessiner sur les visages. Et les mêmes enfants revenaient pour nous réclamer des photos et des *selfies*. Le moment solennel s'était transformé en moment de communion, voire de fête, qui a permis de montrer, dès ces premières années de la vie, que la République est reconnaissante et présente lors d'instants importants. C'est un exemple parmi d'autres, mais l'idée que je porte vise à faire comprendre que, pour assurer notre avenir commun, il nous faut travailler, de manière réfléchie et continue, auprès de notre jeunesse, car elle représente la base de la société de demain. À ce propos, je me souviens de ce « passeport du civisme » qui a été mis en place pour les enfants de CM2 par une association en Vendée, présidée par Maxence de Rugy, par ailleurs maire de Talmont-Saint-Hilaire. Les résultats sont plus que prometteurs, car les élèves sont, à la base, dirigés vers un déploiement constant des principes républicains. Le « vivre ensemble » devient un simple concept s'il n'est pas nourri.

Si les jeunes générations sont aujourd'hui parfois séduites par les pensées extrémistes, qui par l'extrême gauche, qui par l'extrême droite, qui par l'islam radical, qui par des formes d'actions qui englobent la haine et le complotisme ; si certaines jeunesses rejettent, notamment sur les réseaux sociaux, des valeurs fondamentales comme l'antiracisme ou le féminisme universaliste, les principes républicains et démocratiques, l'esprit de fraternité et de bienveillance, mais aussi la laïcité, c'est peut-être parce que certains adultes, où qu'ils se trouvent, n'ont pas été à la hauteur. Je me souviens du rapport Obin[1], en 2004, et de ses différentes sorties médiatiques au cours desquelles cet inspecteur n'a eu de cesse d'alerter sur les dérives observées. Peut-être que

1. « Les signes et manifestations d'appartenance religieuse dans les établissements scolaires », rapport remis au gouvernement français en juin 2004 par Jean-Pierre Obin, inspecteur général de l'Éducation nationale.

notre école n'a pas su porter constamment haut et fort l'idéal laïc. On peut analyser les causes d'une certaine démission. J'y vois deux raisons essentielles. L'une est liée au fait que l'extrême droite a voulu, dès le milieu des années deux mille, préempter le thème de la laïcité et l'instrumentaliser exclusivement contre l'islam. Cette noble valeur s'en est donc retrouvée souillée, d'autant que plusieurs forces politiques se réclamant de l'arc républicain ont choisi, par lâcheté ou par facilité, d'abandonner ce sujet. L'autre raison implique l'Éducation nationale. Certains enseignants, estimant que la laïcité est un thème clivant et/ou brûlant, ont préféré l'éviter pour ne pas s'attirer d'ennuis. Or, quand l'École ne tient pas son rôle et lorsque ceux qui sont censés transmettre la connaissance ne sont pas à l'aise face à un sujet comme celui-ci, cela participe à accentuer le malaise. Mais peut-être aussi y eut-il des réactions en chaîne, une sorte d'effet papillon qui me laisse comprendre aujourd'hui que si l'enseignant ne s'est pas toujours résolument engagé sur ce sujet, c'est probablement parce qu'il ne se sentait pas soutenu par son chef d'établissement ; et si ce dernier ne s'est pas mobilisé, c'est parce qu'il ne s'est pas senti automatiquement encouragé par le rectorat ; et peut-être également que si l'inspecteur d'académie s'est montré parfois timide à ce propos, c'est parce qu'il craignait la réaction de son ministre. Peut-être est-ce ce système du « pas de vague », souvent à juste titre décrié, qui est à l'origine de certains renoncements.

C'est la raison pour laquelle j'ai non seulement soutenu, mais appuyé la dynamique enclenchée par Jean-Michel Blanquer pour porter haut et fort les principes de la laïcité, car elle fait partie de mes convictions profondes. Je réitère dans chacune de mes actions, à chacun de mes interlocuteurs, lors de chaque déplacement, la nécessité de promouvoir cette valeur.

Il n'y a pas une laïcité molle et une autre dure. Il y a une laïcité tout court qui doit être comprise à travers son esprit, mais aussi son texte. Je crois en la pédagogie et dans les rappels de l'Histoire. Les raisons de la loi de 1905, il faut les réexpliquer. Il est incroyable de constater que beaucoup parmi nos concitoyens ne perçoivent pas les bienfaits de cette valeur qui consacre la liberté de conscience et qui permet à toutes les religions de s'épanouir librement dans le respect des lois et des règles, conformément à l'ordre public.

Une partie des jeunesses a un problème avec les repères historiques. Elles ne comprennent pas toujours ce qu'implique au quotidien le respect des principes laïcs. Et ne voient à travers cette loi – qui est plus qu'une loi, une valeur – que les interdictions qu'elle peut exiger. Je pense qu'il faut réexpliquer et même réenchanter tous ces principes dont on ne cesse, à juste titre, de louer les bienfaits. Il convient peut-être de reprendre ces acquis et de les remettre au cœur de nos politiques publiques, car, ne l'oublions pas, ils constituent le socle de notre projet de société.

Ma laïcité

Comme je l'ai déjà évoqué, chez moi, les religions juive, catholique et musulmane se sont joyeusement entremêlées. C'est d'ailleurs pour cette raison qu'à chaque fois que j'ai l'occasion de me retrouver en famille lors d'une fête religieuse, quelle qu'elle soit, j'ai plaisir à la fêter. Avant de la défendre, la laïcité, je l'ai vécue. Je me souviens avec émotion des soirées de Noël en famille, à Casablanca, où l'on se retrouvait autour de la traditionnelle dinde, mais aussi, toujours, du poisson au sel de Babbo ; les grands crus et vodkas frappées côtoyaient les vins casher et les bouteilles de soda. Certains, après le dîner, allaient à la messe de minuit à l'église Notre-Dame-de-Lourdes pendant que d'autres faisaient la fête à la maison. Pendant l'Aïd, notamment lors de la fameuse fête du mouton, on allait passer la journée chez mes grands-parents maternels pour savourer les grillades et le plat traditionnel : les tripes longuement mijotées. Et dans la foulée, si le lendemain était jour de shabbat, nous avions pour habitude de rejoindre les amis juifs de mes parents pour la traditionnelle dafina, la célèbre spécialité séfarade qui cuit, à feu doux, pendant plusieurs heures, ce qui donne une saveur si particulière à ce plat composé de viande, de pommes de terre, de maïs, de pois chiches et d'œufs. C'est tout naturellement qu'on passait d'une culture à une autre, sans nous poser de questions et sans qu'à aucun moment l'identité de l'un s'oppose ou exclue celle de l'autre. C'est là une sorte de laïcité innée issue, certes, d'une tradition familiale et d'une histoire particulière faite de rencontres, d'amour, de bienveillance, de dialogue et d'échange. La religion demeurait à sa place, dans le cœur de chaque croyant qui n'imposait à aucun moment sa vision aux autres, qu'ils soient eux-mêmes croyants ou pas. Là, pour moi, c'était la laïcité en pratique et au quotidien.

C'est seulement un peu plus tard, quand les religions se sont imposées dans l'actualité comme facteurs de division, que j'ai pris conscience de la chance que j'avais d'évoluer dans un milieu qui, à aucun moment, ne m'a inculqué la haine de l'autre pour motif religieux ou pour n'importe quel prétexte. Une fois adulte, et après avoir compris le sens du mot « laïcité », j'ai saisi la chance que nous avions, nous Français, de vivre sous l'autel d'une République laïque.

Si on devait garder une seule valeur, car elle est essentielle et incontournable dans la construction de notre démocratie moderne, ce serait bien la laïcité. Je constate que beaucoup font l'erreur de penser qu'il s'agit là d'une disposition uniquement légale, résumée par l'entremise de la loi de 1905, dite de « séparation », dont l'objectif serait de mettre à distance les différents cultes et de les empêcher d'interférer dans la chose publique. Naturellement, il y a de cela. Mais on ne saurait résumer une loi à sa seule dimension technique et omettre les aspects à la fois philosophiques et idéologiques.

On voit fleurir, à temporalité régulière, des définitions ou des qualifications de cette valeur : on parle de laïcité inclusive ou exclusive, de laïcité ferme ou molle, de laïcité positive ou négative, de laïcité ouverte ou fermée, et j'en passe.

Pour moi, la laïcité, c'est à la fois la lettre et l'esprit de la loi de 1905. Je ne crois pas que ce sujet appelle à des controverses sémantiques aussi stériles qu'inutiles. Ce principe essentiel dans notre République ne doit pas souffrir des effets de mode et du bon mot. Il nous incombe en effet, avant de défendre une valeur, de rappeler pour quelles raisons celle-ci revêt une importance essentielle dans notre nation tant elle incarne le socle de notre projet de société depuis plus d'un siècle. Tout (ou presque) repose sur elle : d'abord, notre triptyque républicain (liberté, égalité, fraternité), qui en découle. Ensuite, des idées fortes ayant permis plusieurs formes de progrès, qui en sont une conséquence directe : des grands principes universalistes et humanistes au féminisme, à l'antiracisme au sens noble, à la lutte contre l'homophobie. Je pense aussi aux avancées opérées par notre société : la dépénalisation de l'IVG, le « mariage pour tous », plus récemment la PMA, autant de dispositions, parmi d'autres, qui permettent à chaque citoyen de se réaliser et de s'épanouir.

Le principe de laïcité repose sur trois sujets essentiels : la liberté de conscience, la séparation entre organisations religieuses et institutions publiques, donc la possibilité de manifester librement ses convictions religieuses dans le strict respect de l'ordre public. Le tout consacre une égalité de tous devant la loi, quelles que soient les convictions et les croyances de chacun.

Comment rendre intelligibles toutes ces questions qui peuvent parfois donner l'impression d'être d'une incroyable complexité ? Comment expliquer à nos jeunesses que la laïcité est une chance et non pas un ensemble d'interdits ringards qui empêcheraient certains d'entre eux de vivre comme ils le souhaitent ? Et surtout quels leviers actionner afin que cette même laïcité ne soit pas perçue telle une contrainte, un « truc de vieux », mais comme un principe essentiel de notre société ?

Je pense que l'un des rôles du responsable politique et de la puissance publique durant les années à venir est non pas d'appliquer la laïcité partout – cela va de soi –, mais de la réconcilier avec nos jeunesses, certains de nos territoires et quelques-uns de nos quartiers. Si je devais la définir, que pourrais-je dire ?

La laïcité est, sans nul doute, la valeur qui permet, je l'ai déjà souligné, de consacrer la liberté de conscience, celle de croire ou de ne pas croire. Celle de croire et de pouvoir, dans un cheminement personnel, changer d'avis. Ou encore, inversement, celle de ne pas croire et de finir comme croyant. La laïcité, c'est ce qui permet à une femme née dans un environnement musulman de s'affranchir de dogmes culturels et religieux, et ainsi de faire ses propres choix, mais c'est ce qui permet aussi à un jeune homme issu d'un milieu non religieux de se convertir à l'islam, sans que rien ni personne l'en empêche. Je le précise d'autant plus que beaucoup d'islamistes se plaignent de la laïcité, alors que c'est pourtant cette même valeur qui permet à des personnes originaires de cultures différentes d'embrasser la religion de leur choix, y compris leur dogme. Si je commence par la liberté de conscience, c'est parce qu'il s'agit incontestablement de la plus intime, de celle qui nous permet de faire le choix le plus personnel. Et c'est aussi parce que de cette liberté de conscience découlent toutes les autres : la liberté d'opinion, d'expression, de création, etc.

Je crois que l'une des difficultés que nous rencontrons, depuis plusieurs années, en tant que puissance publique, vient du fait que la laïcité est présentée comme une disposition juridique seulement alors qu'il eût fallu probablement l'exposer également comme une valeur civilisationnelle. Lorsqu'on observe l'histoire de la laïcité, on découvre qu'elle est apparue d'abord en valeur morale et s'est imposée ensuite, à partir de 1905, à travers une loi. En effet, dès la Révolution, les premiers jalons de la laïcité sont posés en principes fondateurs d'un nouveau projet civilisationnel. Entre juillet et décembre 1789, trois dispositions essentielles sont ainsi énoncées. Premièrement, la Déclaration des droits de l'homme et du citoyen reconnaît la liberté de conscience : « Nul ne doit être inquiété pour ses opinions, même religieuses, pourvu que leur manifestation ne trouble pas l'ordre public établi par la loi. » Deuxièmement, un décret met les biens du clergé à la disposition de la nation et, en contrepartie, l'État s'engage à « pourvoir d'une manière convenable aux frais du culte, à l'entretien de ses ministres, des autels, au soulagement des pauvres, aux réparations et reconstructions des églises, presbytères, et à tous les établissements, séminaires, écoles, collèges, hôpitaux, communautés et autres ». En d'autres termes, la puissance publique récupère l'action sociale dévolue jusque-là à l'Église pour garder sous sa tutelle les populations, surtout les plus vulnérables. Or, en s'appropriant ce rôle, l'État permet aux citoyens de s'émanciper, s'ils le souhaitent, de la chose religieuse et de vivre pleinement leur liberté de conscience. Troisièmement, les protestants vont être, à la fin de cette même année 1789, reconnus en tant que citoyens et ainsi admis à tous les emplois. Dans la foulée, l'Assemblée constituante va accorder le statut de citoyen aux Juifs ; par la suite, les registres d'état civil, jusqu'alors tenus par l'Église, sont transférés aux communes qui sont appelées désormais à consigner les naissances, les mariages et les décès. Aussi, le mariage civil devient la forme légale de l'union entre époux, la forme religieuse ne gardant qu'un aspect purement culturel.

Ces premiers mois de la Révolution, qui ont donné naissance à la République, montrent que très tôt un intérêt essentiel est octroyé à cette fameuse liberté de conscience. C'est ce qui me laisse dire que plus qu'une loi, la laïcité est surtout une valeur. Du temps de Jules Ferry, elle était associée à une démarche de progrès qui permettait à toute personne, dès l'enfance, de trouver les moyens intellectuels et scientifiques pour s'affranchir des dogmes et des superstitions, et visait ainsi l'épanouissement individuel. À l'école, les choses sont clairement énoncées : le système repose sur la distinction entre le savoir assuré par la communauté éducative et les croyances laissées à la liberté et à l'appréciation de chacun. Un objectif est visé de façon essentielle : la préservation dc la sérénité dans chaque établissement scolaire, car ce cadre est indispensable pour garantir, dans les meilleures conditions, la transmission des savoirs et la consolidation de l'esprit de citoyenneté. L'article 6 de la charte de la laïcité à l'école insiste sur ce point et précise : « La laïcité de l'École offre aux élèves les conditions pour forger leur personnalité, exercer leur libre arbitre et faire l'apprentissage de la citoyenneté. Elle les protège de tout prosélytisme et de toute pression qui les empêcheraient de faire leurs propres choix. » Voilà ce qui est clairement énoncé.

À partir de 1905, une loi a donc permis de mettre fin à la « guerre des dieux ». L'État a décidé de ne plus s'immiscer dans les croyances des uns et des autres, et s'est dévolu un seul champ d'intervention pour encadrer les religions : agir pour préserver l'ordre public et la paix civile. C'est ainsi que s'est imposée une idée centrale, celle de la neutralité. Très tôt, le législateur a exprimé cette nécessité absolue et, d'une certaine manière, l'a délimitée. L'État est neutre face aux religions et aux convictions philosophiques, et n'intervient que pour garantir l'ordre public. C'est toute la subtilité de cette fameuse laïcité à la française. Il s'agit d'une ligne de crête qu'il convient de suivre pour rester fidèle à la lettre et à l'esprit de cette valeur essentielle. Prenons un sujet clivant, en l'occurrence le port du voile. L'État ne fait pas de l'existence de cet habillement dans l'espace public un sujet, mais il a décidé de l'interdire, ainsi que tout ce qui est considéré comme signe religieux, dans certains lieux dans lesquels la neutralité religieuse doit être totale. C'est le cas évidemment à l'école, mais également dans les corps constitués, les services et entreprises publiques, etc. Et c'est donc dans une volonté de sanctuariser l'école publique et de la préserver de toute influence religieuse et ainsi de toute forme de prosélytisme qu'est intervenue la loi, celle de 2004, qui encadre le port des signes ou tenues manifestant une appartenance religieuse dans les écoles, collèges et lycées publics[1]. Si le débat s'est cristallisé sur le voile, c'est aussi parce que les milieux islamistes qui revendiquent le port de ce « signe religieux » exacerbent le débat. On observera que ni les catholiques ni les protestants ni les bouddhistes ne revendiquent un signe ostentatoire dans les écoles publiques et qu'en même temps les juifs pratiquants ne s'offusquent pas du fait que le port de la kippa leur soit aussi interdit. L'État laïc a de plus préservé la liberté de chaque parent en lui laissant toute latitude d'inscrire ses enfants dans

1. Loi n° 2004-228. *Journal officiel* n° 65 du 17 mars 2004.

des établissements confessionnels non soumis aux mêmes règles de laïcité.

C'est davantage dans un souci de préservation de l'ordre public qu'a été promulguée la loi d'octobre 2010 qui rappelle que « nul ne peut, dans l'espace public, porter une tenue destinée à dissimuler son visage », visant clairement et, en toute logique, le niqab, c'est-à-dire ce fameux « voile intégral » préconisé notamment par les milieux se réclamant du salafisme. Ici, au-delà de la neutralité, il est question de sauvegarder l'ordre public, car il va sans dire qu'à tout le moins, pour des raisons de sécurité, chaque citoyen doit être identifiable, au besoin, dans l'espace public.

La laïcité est une loi et donc un principe qui s'intègrent totalement dans le triptyque républicain : liberté, égalité, fraternité. C'est une valeur émancipatrice, je l'ai souligné, mais aussi une loi d'équilibre dans le strict respect de la dignité humaine. Il n'est pas question d'humilier, d'ostraciser ou de stigmatiser, comme le prétendent certains milieux extrémistes et comme le souhaiteraient d'autres cercles populistes. Elle dit à chaque citoyen : « Tu es libre de croire (ou de ne pas croire), tu es libre de pratiquer ton culte (ou de ne pas le pratiquer), tu es libre également d'exprimer tes convictions, y compris religieuses, et personne ne t'inquiétera pour cela à la seule condition de respecter l'ordre public et les espaces où doit prévaloir la neutralité. » La France, pour garantir la paix civile, a fait ce choix, fruit de son histoire et de ses expériences passées, millénaires pour certaines, de refuser toute logique théocratique et de séparer le religieux du politique. C'est ce cadre qui permet à des croyants, à des agnostiques et à des athées de cohabiter pacifiquement dans un même espace géographique et c'est ce même postulat qui permet aussi à des juifs, des chrétiens, des catholiques ou des protestants, des musulmans et des bouddhistes d'appartenir à une même nation, car pour l'État, il n'existe pas de croyants ou d'incroyants, mais des citoyens.

On ne le rappellera jamais assez, en France, chacun est libre de croire ou de ne pas croire. Chacun est libre de faire l'éloge de sa croyance ou de critiquer les religions. Il y a aussi la liberté de manifester ses convictions religieuses, dans les limites déjà indiquées du respect de l'ordre public, la séparation des institutions publiques et des organisations religieuses et, par prolongement, l'égalité de tous devant la loi, et ce, quelles que soient les croyances ou les convictions.

Il faut reprendre le débat. Le vrai. Celui qui permet de faire jaillir la lumière. Je veux qu'on aille au fond de ces sujets, souvent très clivants. Pourquoi un Jean-Louis Bianco, par exemple, longtemps à la tête de l'Observatoire de la laïcité, désormais dissous, n'accepterait-il pas de débattre avec Caroline Fourest ? Il y a deux conceptions divergentes de la laïcité qui s'opposent. En ce qui me concerne, je suis beaucoup plus proche de la perception de la journaliste, car, comme elle, j'estime que la laïcité est un bouclier et non pas un glaive. Or, Jean-Louis Bianco ne la voit ni comme l'un ni comme l'autre, mais comme une simple disposition juridique avec laquelle on peut s'arranger parfois, privilégiant ainsi, consciemment ou pas, une approche qui n'est pas du tout celle de notre pays : les « accommodements raisonnables », notamment avec ceux qui se cachent derrière l'islam pour faire avancer des idées islamistes, contraires à notre projet de société. Au nom du respect de la religion, complètement détournée d'ailleurs, surfant entre discrimination et victimisation, ils ne cessent de piétiner ce qui nous est essentiel.

De ce point de vue, il n'y a donc pas une laïcité d'untel ou de tel autre. Il n'y a pas une laïcité du gouvernement et une laïcité de l'opposition, pas plus qu'il ne doit exister une laïcité pour les croyants et une autre pour les athées. Il n'y a pas une laïcité de défense et une autre de combat. Ni une laïcité de droite et une autre de gauche. Comme la République, la laïcité est une et elle repose sur les principes et lois énoncés plus haut. Il y a lieu parfois de l'adapter à des exigences du moment, car en plus d'un siècle, depuis la promulgation de la loi de 1905, la société française a changé, le monde s'est métamorphosé et de nouveaux défis s'imposent à nous. Si le cœur de cette valeur reste intangible, certains aspects à la marge peuvent, selon les circonstances et au gré du débat démocratique, évoluer, mais uniquement pour la rendre plus forte, comme le fait la loi Darmanin-Schiappa[1], portée également par Éric Dupond-Moretti et Jean-Michel Blanquer.

1. La loi renforçant les principes républicains a été promulguée le 24 août 2021.

Si la plupart des religions ont appris à vivre sous un cadre laïc, certains courants musulmans, surtout ceux se réclamant de l'activisme islamiste, n'arrivent pas à (ou ne veulent pas) se conformer aux exigences de cette valeur fondamentale. Sans psychodrame ni polémique stérile, en toutes circonstances, il faut rappeler un autre principe de notre République : nous sommes dans un État de droit et, par conséquent, c'est la loi, et la loi seule, qui doit trancher ce qui serait de nature à générer un conflit. Comme le précise, dans le vade-mecum de la laïcité à l'école[1], Dominique Schnapper, présidente du Conseil des sages de la laïcité nommée par Jean-Michel Blanquer : « La laïcité interdit à quiconque de se prévaloir de ses croyances religieuses pour s'affranchir des règles communes régissant les relations entre collectivités publiques et particuliers. La loi démocratique prime les lois religieuses. » C'est ça, la France : liberté, égalité, fraternité et laïcité.

1. « La laïcité à l'école », mis à jour juillet 2021, disponible sur le site « éduscol » (eduscol.education.fr).

L'engagement, mon grand projet

Plusieurs personnes évoquent, avec une certaine nostalgie, le service militaire. Naturellement, il avait ses bienfaits et participait incontestablement à forger l'unité nationale entre enfants qui venaient d'horizons divers, de régions différentes et qui se préparaient pour défendre éventuellement, sous la même bannière tricolore, une seule patrie, la leur : la France. Sans oublier toutes les vertus sociales que garantissait le service militaire (permis de conduire, stage de secourisme, etc.).

Je ne vais pas revenir sur les raisons objectives qui ont motivé sa suppression. Il s'agit d'une décision qui obéissait à une volonté de professionnalisation de nos armées et à une transformation de notre stratégie de défense nationale en vue de la moderniser et de l'adapter à notre époque. Depuis, un vide s'est fait ressentir. Au lieu de se lamenter sur quelque chose qui n'existe plus, qui fait partie du passé, il fallait créer un nouveau dispositif susceptible de s'adapter aux nouvelles réalités.

Le service national universel, plus connu désormais sous l'acronyme SNU, est un outil qui peut transformer le visage de notre pays et préparer le futur. N'oublions pas que c'est un projet du président de la République. Il s'agit d'une promesse de campagne liée au débat relatif à la suppression du service militaire. Progressivement, cela a fait son chemin. La configuration sociale de notre pays, à quelques exceptions près, ne crée pas – plus – les conditions pour que les gens se rencontrent. Il fallait par conséquent inventer un nouveau dispositif afin que les jeunesses de France puissent se retrouver et partager des moments qui les réunissent, au-delà de leurs différences réelles ou supposées.

De quoi s'agit-il ? C'est un temps partagé en deux fois quinze jours. La première quinzaine est appelée « séjour de cohésion ». Des jeunes âgés de quinze à dix-sept ans (des lycéens) sont réunis dans un internat ou dans un centre de vacances. Ils vont faire du sport ensemble, lever le drapeau, chanter *La Marseillaise*, apprendre les gestes de premiers secours… Ils vont vivre ensemble quelque chose de *collectif*. Dans la seconde quinzaine, appelée « mission d'intérêt général », les mêmes jeunes vont s'engager dans une association, comme la SPA, ou dans une collectivité, aider les banques alimentaires, ou bien rejoindre par exemple la gendarmerie ou les pompiers. L'objectif étant de renforcer notre cohésion sociale, notre vivre-ensemble, mais surtout, de créer des rencontres pour des jeunes qui ne se voient plus, qui ne se croisent plus. Un jeune de Nantes, un jeune d'Aurillac ou un autre de Saint-Marcellin, en Isère, ou de Paris vont avoir l'occasion de vivre quelque chose en *commun*. Et cela est plus que fondamental, car ces jeunes Français vont enfin se retrouver.

Ce n'est pas une colonie de vacances. Ce n'est pas l'école non plus, ni l'armée. Je dis souvent que cela représente le meilleur des trois. Le fait de rencontrer des gens nouveaux et, à travers eux, des régions de France qu'on ne connaît pas est d'une richesse extraordinaire. Il s'agit de lutter subtilement contre les préjugés et contre les schémas établis chez ces jeunesses, trop connectées parfois, qui ne voient les choses, le plus souvent, qu'à travers le monde virtuel. Grâce au SNU, ces jeunes auront probablement une fenêtre, aussi petite soit-elle, sur le monde réel dans la vertu du dialogue qui va forcément s'installer entre eux... De plus, ce sont de vrais professionnels qui encadrent ces adolescents. Et cela est fondamental. L'idée du SNU, c'est de reposer un cadre, des repères, faire ensemble et apprendre à vivre ensemble pendant quinze jours. Donc, s'ils sont demain challengés par exemple sur nos symboles que sont *La Marseillaise*, le drapeau tricolore, les questions de religion, ces jeunes seront accompagnés.

Je crois que ce SNU va aussi permettre aux jeunes de beaucoup s'exprimer, notamment à travers les « temps d'expression et de démocratie interne ». Cette génération, nous le savons, vit toutes les transitions, mais elle vit aussi tous les dangers, ceux d'Internet, des réseaux sociaux et j'en passe. Nous comptons donc les outiller, les sensibiliser pour leur permettre de faire face à certains aléas.

Il est question de leur donner les moyens de déconstruire par eux-mêmes les informations farfelues qu'ils peuvent avoir et, en tout cas, de prendre de la distance quand cela est nécessaire.

On repose des repères, on les refait vivre ensemble, on recrée de la fierté en leur redonnant des cadres historiques. On l'a vu, le service national universel réunit quinze mille jeunes qui viennent de toute la France, de différents milieux sociaux. Il faut leur apprendre pourquoi on est fier d'être français, leur rappeler que le président du Sénat a été un homme noir, comment les combats à mener sont des combats pour l'égalité et pas d'opposition entre les communautés. Aujourd'hui, on s'est tellement endormi sur ces sujets que l'on n'ose plus aller au combat. La génération *woke*, ce serait notre avenir ? J'imagine le triste visage de notre pays dans les dix à quinze prochaines années ! Où va-t-on si on ne transmet pas l'esprit critique et la capacité à défendre les grands héritages, la liberté d'expression et la liberté de conscience ? Cette génération ne doit pas se pourfendre ou se fixer dans une histoire révisée. C'est notre rôle, le mien, d'assumer de déplaire parfois pour redire l'importance de nos racines avec tout ce qu'elles comportent de positif et de négatif. On se structure en comprenant et non en niant.

Le plan « 1 jeune 1 solution », lancé à l'été 2020, a permis d'ouvrir, en 2021, le service civique à cent mille jeunes supplémentaires pour un total de deux cent quarante-cinq mille places. Les modalités des missions ont été simplifiées, notamment avec la modification de la durée hebdomadaire minimum de vingt-quatre heures pour une mission, afin d'encourager l'engagement de plus de candidates. Je rencontre en février 2021, dans le Nord, des jeunes complètement abîmés. Cela m'a marquée. L'un d'eux nous fait un slam avec des mots très durs. Un texte autobiographique, très émouvant, qui met en évidence des difficultés sociales, des violences familiales. Je rencontre ensuite d'autres jeunes. On parle à bâtons rompus. L'un d'eux me lance directement : « Moi je brûlais des voitures. » Ceux qui me connaissent savent à quel point je suis intransigeante sur les questions d'ordre public. Je veux malgré tout, sans excuser ni relativiser, en comprendre les causes. Je lui demande de m'expliquer les raisons de son geste. Il me répond qu'il estimait être totalement « invisible » pour sa famille d'abord, pour l'ensemble de la société ensuite. Ses actes visaient, de son propre aveu, à attirer sur lui l'attention. Évidemment, ce n'est pas le fait de tous ceux qui s'adonnent à ce type d'actes. Mais il est intéressant d'observer que nous avons face à nous d'un côté une délinquance juvénile qui touche de plus en plus d'adolescents, et d'un autre côté certains profils qui cherchent simplement à exister. Probablement que l'absence de perspectives, l'existence d'un milieu social lui-même dégradé, un environnement familial peu stable sont autant d'ingrédients qui n'arrangent guère la situation.

À Orléans, quelques jours plus tard, toujours en février 2021, je rencontre plusieurs jeunes dans un quartier populaire, devant un centre de pétanque. Certains jouent avec des adultes lourdement handicapés. Au départ, je pense que cela a été organisé parce qu'il y a une visite ministérielle, mais je réalise très vite que c'est au contraire un fonctionnement naturel de ces jeunes. Des rencontres ont lieu avec quatre associations : 1-Terre-Actions, l'AJLA, le Relais Orléanais et l'UPA. Elles occupent une place essentielle dans la région et permettent de maintenir les liens qui font la richesse de nos territoires, davantage encore dans le contexte de crise sanitaire que nous traversons alors. Je veux aborder avec les bénévoles la question de la reconnaissance et de la valorisation des activités de volontariat, de bénévolat ou de réserviste via le compte d'engagement citoyen (CEC)[1]. Je multiplie donc les échanges. Je discute avec un groupe de jeunes d'environ vingt ans, un peu plus dans la revendication. L'un d'eux se lance dans un réquisitoire assez sévère : « Je me bats tous les jours contre les autres et contre moi-même pour ne pas me transformer en *chouf*. » Il me rappelle qu'en deux heures avec les réseaux de dealers, il pourrait gagner ce que gagne légalement son père en une semaine. Les trafiquants de drogue sont de vrais ennemis de la République. Les services du ministère de l'Intérieur ont comptabilisé,

1. Le CEC recense les activités de bénévole, de volontaire ou de maître d'apprentissage. Il permet d'acquérir des droits à formation inscrits dans le compte personnel de formation (CPF).

au 1er avril 2021, près de quatre mille points de deal à travers toute la France. Le jeune avec lequel je discute arrive, selon ses dires, à se mettre à l'abri de cette tentation en se cachant quasiment dans une association qui lui permet d'agir bénévolement auprès de ses voisins pour aider dans le cadre du soutien scolaire ou à travers d'autres activités. C'est une vraie rencontre. Nous sommes là face à la vie réelle. J'avais besoin d'être confrontée à ce genre de situations. Elles me nourrissent dans le cadre du projet que j'ai à mener. Je ne veux pas que mon action soit superficielle ou basée exclusivement sur la communication et le discours. Je saisis ainsi l'idée que, dès qu'on réunit les conditions pour offrir aux jeunes des alternatives, cela ne veut pas dire qu'on sauvera tout le monde, mais on donnera à ceux qui le souhaitent la possibilité de trouver une porte de sortie.

Je ne reconnais pas l'expression « ascenseur social ». J'avoue que je ne l'aime pas. Je crois dans le goût de l'effort. Je préfère donc parler d'« escalier social ». Parce qu'il n'y a rien d'automatique, rien qui vienne tout seul. Il n'y a aucune automaticité et on ne peut pas passer du rez-de-chaussée au septième étage en appuyant sur un bouton. La vie exige de nous tous un effort et une action. L'escalier symbolise l'effort et consacre notre autonomie quand l'ascenseur incarne une certaine passivité, car chacun cherche à s'élever. L'économie n'est pas le seul ressort : la culture, l'attention aux autres, en clair l'engagement, en sont aussi.

Alors oui ! Nous sommes prêts à mener à bien le SNU après plusieurs expérimentations. Nous avons vu une envie. Pour l'instant, ce dispositif est basé sur le volontariat. Il n'y a pas de conditions de diplômes, pas de conditions de parcours – que l'on soit en lycée pro, en décrochage, en lycée général, en apprentissage, peu importe –, il faut juste avoir entre quinze et dix-sept ans, être français et aller s'inscrire. Nous avons voulu qu'aucun critère ne soit susceptible d'exclure, ne serait-ce qu'indirectement, une catégorie ou une autre. De plus, cet âge au sortir de l'adolescence est important. C'est un moment charnière où l'on commence à entrer dans la vie adulte, à choisir une voie, un métier, un projet de vie. Nous voulons que les jeunesses de France puissent avoir confiance en elles à travers ce dispositif et surtout avoir foi en leur pays.

Le dispositif ne coûte rien aux familles. Depuis son domicile, l'adolescent est totalement pris en charge : transport jusqu'au centre, hébergement, nourriture et « tenue » composée d'un pantalon, d'un polo, d'un tee-shirt, de baskets, d'un pull, d'un k-way et d'une casquette. Nous fournissons tout, sauf les sous-vêtements. La tenue va permettre de créer un sentiment à la fois d'unité et d'appartenance à un collectif, mais surtout, va gommer les inégalités sociales de ces jeunes afin qu'ils puissent vivre intensément cette aventure.

L'État investit soixante-trois millions d'euros dans le SNU car nous sommes convaincus qu'il s'agit de la naissance d'une politique jeunesse structurante pour les quinze prochaines années. De plus, au-delà de créer une aventure, cela nous a permis d'aider, de déceler des détresses, d'écouter, de secourir. La nécessaire réserve à laquelle je dois m'astreindre m'empêche de tout relater, mais je puis assurer que le SNU 2021 a permis d'aider et de soutenir, peut-être de faire évoluer socialement plusieurs jeunesses. Notre pays en récoltera les fruits au cours des années à venir.

Aide-toi et la République t'aidera !

Je ne suis pas une socialiste, je suis une universaliste humaniste attachée aux libertés individuelles et collectives ainsi qu'aux lois. Je suis une libérale assumée. Le centrisme se compose historiquement de deux histoires qui se sont rejointes : celle des démocrates-chrétiens et celle des libéraux. C'est donc cette dernière qui a forgé ma culture politique.

J'appartiens à la première génération des « bébés Bayrou », même si je me suis fait les dents au sein des jeunes de l'UMP du temps de Sarkozy. Je suis une centriste, car je suis persuadée que la République l'est elle-même aussi d'un point de vue philosophique. C'est une ligne d'équilibre, toute en nuances, qui essaie de prendre en compte les complexités et qui respecte l'esprit démocratique.

Le centrisme – d'autres l'ont expliqué avant moi plus largement à travers des livres qui lui ont été consacrés – est bien plus qu'un positionnement politique ; c'est un ensemble de valeurs, de pensées, recouvrant plusieurs dimensions. Il s'agit d'une ligne politique qui porte sur un équilibre strict entre liberté économique et protection sociale.

Les deux se conjuguent pour encourager la force créatrice du citoyen. C'est avec cette histoire, son héritage, ses éminents leaders, Jean Monnet, Jean Lecanuet, Valéry Giscard d'Estaing et bien sûr François Bayrou, que ma propre pensée politique s'est construite. Je ne suis pas pour le libéralisme sauvage, dénué d'éthique, qui refuse de voir le sort des plus démunis, et je ne suis pas non plus favorable aux aides sociales tous azimuts. Je me suis toujours reconnue dans un humanisme qui refuse tous les extrémismes, qui respecte la création et le goût de l'entreprenariat tout en se souciant de ceux qui ont peu. C'est probablement la raison qui m'a amenée à me sentir chez moi au Mouvement démocrate (Modem).

Je pense que nos jeunesses n'ont pas besoin d'assistanat, mais d'un cadre qui leur permette d'évoluer et de trouver des solutions. À trop aider, on finit par ne pas rendre service à ceux qu'on aimerait soutenir. Il nous faut inventer le cadre idéal. Au lieu de créer des dispositifs prêts à consommer, on doit jouer un rôle de locomotive ou de *booster*. C'est la raison pour laquelle, dès que j'ai été élue députée, je me suis empressée d'aller chercher des financements pour essayer de créer des cadres susceptibles d'offrir à nos associations des opportunités afin qu'elles soient actrices de leur destin. C'est ainsi que j'ai fait voter le versement des comptes bancaires inactifs sur le fond du développement de la vie associative, pour que ça ne tombe plus dans le budget général de l'État, mais dans celui des associations. J'ai également proposé une loi, qui a été votée et promulguée le 1er juillet 2021, permettant de consolider les fonds propres et plus de solidarité entre les associations en m'attaquant au monopole du prêt bancaire. Grâce à cette « loi El Haïry », désormais, une association qui dispose de fonds propres peut prêter de l'argent à une autre association. Voilà mon moteur, ce qui me fait me lever le matin : ériger la meilleure société possible en adéquation avec le monde qui nous entoure et ses réalités. Mais aussi avec lucidité et pragmatisme dans le but de donner à chaque citoyen toutes les chances pour qu'il puisse, dans le cadre d'un lien social, participer à l'émancipation de l'autre, et dans le respect de valeurs communes à tous.

Au lendemain de mon élection comme députée, j'ai passé plusieurs mois à rencontrer des jeunes dans les missions locales ou dans des écoles de la deuxième chance. Ce que j'ai alors constaté, c'est que, dans la plupart des cas, mes interlocuteurs, sans nier le besoin financier, réclamaient surtout un accompagnement.

Le goût d'entreprendre est quelque chose que j'ai toujours voulu encourager. C'est même un sujet qui me passionne. À dix-huit ans, avec des amis à peine plus âgés, nous avons créé une petite société de commercialisation de tee-shirts à personnaliser. Nous les avions importés de Chine. Sauf que les douanes ont bloqué toute la marchandise et pour de bonnes raisons : notre fournisseur n'avait pas respecté la commande et le cahier des charges, et nous avait refourgué des tee-shirts inflammables. Nous avons, en quelques jours, perdu notre capital et c'est ainsi que se termina ma courte aventure d'entrepreneure. Cela étant dit, cette expérience m'a permis de constater que le fait d'entreprendre n'est pas sans risque. Si les jeunes doivent être encouragés, il faut néanmoins les accompagner. J'aurais adoré bénéficier à l'époque d'un plan de mentorat tel qu'il existe aujourd'hui pour être guidée, encouragée, pour appréhender le succès comme l'échec, car, à bien analyser l'un et l'autre, les deux, dans un parcours de vie, permettent l'apprentissage.

J'ai très tôt constaté que notre système était biaisé et qu'il n'avait pas une grande confiance dans la jeunesse. Un même projet, porté par quelqu'un de soixante ans ou par un jeune de moins de trente ans, est souvent financé dans le premier cas, rarement dans le second. Notre objectif au sein du gouvernement, de manière transversale, est de créer un dispositif afin que l'État puisse garantir des prêts contractés par des jeunes afin de rassurer les banques.

Pour le tissu associatif, nous avons aussi pensé des dispositifs afin de faire face au choc provoqué par la crise sanitaire depuis le début de l'année 2020. Nous avons voulu soutenir notamment les associations qui se sont très vite investies pour faire face aux problèmes causés par le confinement. Je pense notamment à l'isolement des personnes âgées, la précarité, le décrochage scolaire et d'autres aléas générés par la situation inédite que nous traversions. Nous avons remarqué que, en raison de la crise, un nombre impressionnant d'associations ont dû cesser leurs activités quasiment du jour au lendemain.

C'est la raison pour laquelle il nous fallait trouver des solutions pour inclure, dans le plan de relance, le monde associatif, surtout les structures investies dans l'aide aux personnes vulnérables, voire celles qui agissent dans le monde du sport, du tourisme ou de la culture. Nous avons ainsi permis à celles qui ont des salariés, sous réserve qu'elles aient subi une baisse de leurs ressources, de mobiliser le chômage partiel et d'avoir accès au prêt garanti par l'État. Nous ne pouvions pas ignorer cet aspect puisqu'un salarié du secteur privé sur dix travaille dans une association, soit deux millions de personnes.

D'un autre côté, nous avons doté de quinze millions d'euros le Fonds de coopération de la jeunesse et de l'éducation populaire. L'objectif est de financer la création de deux mille postes affectés à la conduite de projets spécifiques. Nous avons voulu, sous l'impulsion du président de la République et du Premier ministre, mobiliser tous ces moyens pour encourager de nouvelles énergies.

Dès mon arrivée à l'Assemblée nationale, je n'ai eu de cesse de travailler avec le monde associatif. Il est à mes yeux essentiel de construire tous ensemble, avec le mouvement associatif, les fédérations nationales, mais aussi les associations non fédérées et les élus locaux, un vrai projet pour la jeunesse. À travers le contrat d'engagement républicain, par exemple, tel que le prévoit la loi visant à conforter les principes républicains, il est question de protéger la liberté des associations contre les dérives de quelques structures et autres organisations – elles ne sont pas très nombreuses heureusement – qui tentent, depuis de longues années, d'utiliser le cadre républicain pour distiller à la fois un discours et des actions qui fragilisent celui-ci. C'est la raison pour laquelle nous avons dû en dissoudre quelques-unes comme BarakaCity, le Collectif contre l'islamophobie en France (CCIF) ou le groupuscule d'extrême droite Génération identitaire. La main du gouvernement n'a pas tremblé, car le devoir d'un dirigeant politique est de protéger aussi la jeunesse contre ceux qui cherchent à l'instrumentaliser à des fins peu louables.

Quand j'ai dit que nous étions le gouvernement des jeunes, certains observateurs y ont vu un simple slogan. « De la com' ». En vérité, en tant que secrétaire d'État chargé de la Jeunesse et de l'Engagement, j'ai voulu envoyer un message clair à la jeunesse pour lui dire qu'elle n'était pas seule. Je me suis personnellement mobilisée pour trouver toutes les solutions possibles. C'est la raison pour laquelle nous avons consacré énormément de moyens afin que chaque jeune puisse trouver une voie et, durant les temps difficiles que nous traversions, franchir les différents obstacles. Il y a eu par exemple des primes pour l'embauche de jeunes de moins de vingt-six ans. Sur cet aspect, le gouvernement a mis en place des coups de pouce importants pour inciter les entreprises à les recruter. Beaucoup d'entre elles ont joué le jeu et c'est très important, dans un cadre gagnant-gagnant, que chacun accomplisse un effort pour traverser la tempête intelligemment.

Je crois dans le rôle joué par chacun, mais aussi dans la responsabilité des entreprises, des syndicats, des associations et de tous les acteurs de la société civile. J'ai encouragé tous mes interlocuteurs à être des forces de proposition. C'est la raison pour laquelle je n'ai eu de cesse d'appeler de mes vœux la mise en place d'une Agence française de la philanthropie.

Autant je n'aimerais pas que l'on puisse tenir aux citoyens un discours populiste et démagogique, autant je tiens à ce qu'on leur dise, selon la formule consacrée, que l'État ne peut pas tout. C'est une condition essentielle pour construire un lien de confiance. Et simultanément, comme je l'ai mentionné, travailler les conditions pour créer des rampes de lancement afin que chaque jeune, chaque citoyen qui entreprend puisse être entouré, encouragé, porté et soutenu. Je reste convaincue que la meilleure façon d'aider les jeunes est de faciliter les moyens d'accès aux dispositifs existants plutôt que d'en lancer de nouveaux. L'écrasante majorité ne connaît pas toujours ses droits ou n'a aucune connaissance des dispositifs auxquels elle peut avoir accès. Ainsi, le site internet « 1 jeune, 1 solution » est une boussole qui permet à chacun, à partir des renseignements qu'il fournit, de prendre connaissance des solutions, mais aussi éventuellement des aides comme des dispositifs qui peuvent lui être proposés en fonction de sa situation.

Cela étant dit, il faut que chaque jeune, tout en réclamant les aides de l'État, puisse trouver lui-même des solutions pour éviter la précarité. C'est tout l'objet du revenu de l'engagement que le président de la République a annoncé en juillet 2021. Par ailleurs, prendre, quand cela est nécessaire, un « job étudiant » apporte, au-delà de l'aspect financier, une fierté à ceux qui commencent à se dire : « Je peux être autonome et je réussis à m'en sortir grâce aux efforts que je fournis. » De plus, faire soi-même, se dépasser pour se connaître et gagner ou accentuer l'estime de soi est la chose la plus structurante pour ceux qui rentrent dans la vie d'adulte.

Je ne sais pas si tous les Français évaluent la chance que nous avons de vivre dans un pays comme le nôtre. En sommes-nous tous conscients ? De nos soins remboursés quasiment jusqu'au dernier centime ? De l'école de nos enfants prise en charge totalement ? Savons-nous qu'un enfant scolarisé en école maternelle coûte 8 000 euros à la collectivité[1] ? Qu'un accouchement coûte 15 000 euros ? Connaissons-nous les sommes engagées pour instruire nos collégiens ? Nos lycéens ? Sans parler des études supérieures. Avons-nous comparé avec ce que payent les citoyens des autres démocraties ? Nos critiques, aussi légitimes soient-elles, doivent toujours prendre en considération l'ensemble de ces aspects afin de contextualiser et, par honnêteté intellectuelle, d'adopter une vue d'ensemble de la situation. Critiquer oui, cela est légitime, mais le

1. En cycle primaire, un écolier coûte en moyenne 6 190 euros par an. Dans le secondaire, un collégien coûte en moyenne 8 510 euros par an et un lycéen 11 070 euros par an. Dans l'enseignement supérieur, un étudiant coûte 11 680 euros par an en moyenne.

faire en gardant à l'esprit le prix d'un test PCR, supporté par l'État et la solidarité nationale ; c'est ça, aussi, la République française.

Il ne s'agit pas de dire que tout va pour le mieux tout le temps, mais de constater, en toute lucidité, que si certaines choses sont perfectibles, nous avons heureusement un système rare qui ne doit pas être comparé aux pays scandinaves, par exemple, sans prendre en considération que la Suède a une population sept fois moins importante que la nôtre tandis que celle du Danemark ou de la Norvège est quatorze fois inférieure. Avec des données économiques et démographiques similaires, rares sont les pays développés qui donnent autant que la France à ses citoyens. C'est important de le mentionner, car il s'agit aussi de préserver ce modèle si particulier.

Identités et cohésion nationale

France ou Maroc ? Je ne me suis jamais posé la question. De toute façon, je suis une Nantaise née à Romorantin. Ma vie a été un voyage permanent entre les bords de Loire et les rives de la Méditerranée. J'aime aussi bien le tajine de ma grand-mère que les Petits LU pur beurre. Je n'ai jamais pensé l'identité en termes de choix ou de reniements. Et je ne l'ai jamais conditionnée en fonction du regard des autres. Tout ce qui est en moi constitue mon identité. Le seul choix que j'ai fait, c'est celui de m'assumer pleinement et de vivre avant tout comme citoyenne française et engagée.

Parce que oui, le mot « identité » ne doit pas être un gros mot. C'est ce qui définit chacun de nous dès la naissance. Déjà avec un prénom. C'est pour cela que je suis toujours étonnée de voir avec quelle indécence certains personnages – dont Éric Zemmour par exemple – expliquent qu'il y aurait des prénoms de « bons Français » et d'autres de Français de seconde catégorie, pas tout à fait français dans le fond, quand bien même se seraient-ils totalement intégrés aux valeurs de la République.

Mais depuis quand un prénom est-il devenu un curseur d'attachement à la patrie ?

Nous avons évidemment une difficulté à parler d'identité en France. Le nier serait absurde et surtout malhonnête intellectuellement. J'ai eu l'occasion d'évoquer le sujet à maintes reprises : il existe des lieux, des milieux dans notre pays où l'on tient un propos séparatiste. Celui-ci est le fait – inutile de le nier, là aussi – de cercles sensibles aux thèses islamistes. La question centrale que je me pose le plus souvent repose sur les raisons profondes et réelles qui ont mis notre société dans une telle situation. En clair, pourquoi certains de nos compatriotes ne se considèrent-ils pas comme des Français et pourquoi d'autres, liés à l'extrême droite, refusent-ils unilatéralement de considérer un pan de la société comme faisant partie de la nation ?

J'essaie, à partir de mes différents engagements, de mon propre parcours, de mon expérience d'élue de terrain, d'établir un diagnostic et de proposer quelques pistes de travail. Ce que l'on voit depuis plusieurs années est assez éloquent. Dans certaines de nos régions, des quartiers populaires se sont progressivement transformés en ghettos. Ces derniers ne se sont pas érigés seulement sur des bases sociales ou économiques, mais également à partir de critères ethniques et religieux. En clair, les pouvoirs publics ont choisi de délaisser complètement ces territoires, n'y injectant que des sommes colossales pour obtenir la paix sociale, momentanément. J'utilise consciemment le verbe « délaisser » parce qu'il ne s'agit ni de quartiers « conquis » par des « hordes d'étrangers », ni de « territoires perdus ». En France, la puissance publique qui a édifié ces quartiers, le plus souvent à la périphérie des grandes villes, pour y installer les « masses laborieuses », a cédé à la facilité et a permis la ghettoïsation de ces « banlieues », offertes, sans contrôle ni accompagnement, aux étrangers primo-arrivants. Ceux-ci furent amenés à s'y installer pendant que les anciennes couches populaires, du fait d'une évolution sociologique, quittaient leurs anciens logements sociaux pour des quartiers de la classe moyenne.

Au fil des années, ces territoires se sont imposés comme le révélateur par excellence des nouvelles inégalités sociales : une inégalité au niveau des destins, une autre à propos des revenus, mais également au sujet des formations, du niveau d'études ou des qualifications. La moyenne du taux de chômage y est toujours supérieure à la moyenne nationale. *Idem* pour les statistiques relatives à l'échec scolaire, la délinquance juvénile, la criminalité, etc.

Une accumulation de maux sociaux a créé les conditions de la vulnérabilité. Une situation qui a conforté tous les porteurs de discours victimaires et ceux qui avaient l'ambition d'enrôler les jeunesses de ces quartiers dans des logiques dangereuses. Là aussi, en portant un regard lucide et froid sur les quartiers populaires, que voit-on ? Beaucoup de jeunes ont eu, pendant plusieurs années, peu de perspectives valorisantes pour s'en sortir. En résumé, la délinquance en général et le banditisme ainsi que le trafic de drogue en particulier permettaient de donner cette fausse impression à quelques-uns qu'ils allaient sortir de la précarité et du marasme. Par la suite, l'activisme islamiste et la restructuration de la pensée de certains leur ont donné l'impression qu'ils quittaient la délinquance pour rejoindre le « droit chemin », celui de l'islam, alors qu'ils adhéraient, en vérité, aux thèses islamistes.

Au lieu de prendre en charge les questions profondes qui ont transformé plusieurs de nos quartiers populaires en zones ghettoïsées, les politiques de la ville, depuis plus d'une trentaine d'années désormais, ont succombé à un lieu commun : laisser croire qu'il suffirait de régler les difficultés économiques et sociales de quelques dizaines de quartiers, où se concentrent notamment les taux de criminalité les plus élevés, pour solutionner l'ensemble du problème. À mon sens, cette approche est erronée pour au moins deux raisons : d'une part parce qu'elle minimise la portée des difficultés auxquelles nous faisons face et, d'autre part, parce qu'elle a du mal à observer que les questions identitaires déjà évoquées se concentrent principalement dans les quartiers abandonnés de longue date et qu'on a fini par qualifier de « zones de non-droit ». En réalité, ces ghettos, qui alimentent à la fois la propagande islamiste et les thèses de l'extrême droite, sans oublier que l'extrême gauche tente d'y trouver une clientèle électorale, sont ce qu'ils sont devenus parce qu'il y a eu un refus manifeste de traiter les sujets à la racine : maîtrise de la langue française, de notre cadre commun, respect de l'autorité de l'État, de l'école, etc. – pour ne citer que ces sujets. Précisons, au passage, que la République n'est pas à la carte : on ne peut pas prendre ce qui nous plaît individuellement et délaisser ce qui nous permet de vivre en collectivité. La poussière mise sous le tapis a caché la réalité, puisque ce n'est pas seulement la police ou les pompiers qui ne peuvent plus entrer dans certains quartiers, mais aussi les principes de la République.

De plus, presque en effet miroir, les facteurs qui encouragent à se détourner de ces ghettos et à les abandonner participent à l'édification de « ghettos bourgeois » non accessibles aux plus démunis. C'est le cas de Neuilly-sur-Seine ou de Vincennes, en région parisienne, et de bien d'autres communes en France. Il est éloquent, car ces municipalités, depuis plusieurs décennies, préfèrent payer des amendes colossales plutôt que de construire du logement social, procédant en plus d'un odieux amalgame qui sous-entend que le pauvre serait systématiquement dangereux et générateur de nuisance. Et qu'il serait systématiquement « étranger ».

Les deux blocs n'ont eu de cesse de s'éloigner l'un de l'autre, élaborant un discours de méfiance et de défiance, voire de rejet et de haine de l'autre. Ainsi les uns furent enclins à suivre des discours qui ne présentaient les quartiers populaires, les banlieues, qu'à partir du prisme de la délinquance, de la criminalité, voire plus tard du terrorisme islamiste, tandis que les autres furent sensibles aux thèses tout aussi globalisantes qui dépeignent le « Blanc » comme discriminant économiquement et accessoirement hostile à l'islam et aux musulmans. Dans notre pays, pourtant très attaché au discours républicain, certains responsables politiques ont commencé à diffuser des incantations aux relents de plus en plus communautaristes. Je le souligne, car il serait à la fois faux et injuste de considérer que ces ghettos dont on parle se sont érigés par la seule faute de leurs habitants. Il y a certes la responsabilité individuelle de chaque citoyen, mais il y a aussi celle de beaucoup d'élus locaux qui ont choisi la solution de facilité, celle du communautarisme et du clientélisme, y compris islamiste, et enfin la responsabilité des pouvoirs publics qui, là aussi, pour des raisons qu'il convient d'analyser (laisser-aller, incompétence, calculs mesquins...), ont favorisé l'émergence de ces lieux de plus en plus fermés d'où la puissance publique s'est totalement désengagée.

Il ne faut évidemment pas s'arrêter aux constats sinon on nourrit le mal du siècle : le commentaire permanent. Il nous faut donc repenser en profondeur à la fois nos politiques sociales et notre approche en matière de politique de la ville, parallèlement à des luttes assumées contre toutes les logiques séparatistes et les tentations communautaristes. Il est quasiment impossible de penser une politique donnée sans l'intégrer dans une démarche dialectique, multisectorielle et globale. Car, en cohérence, il est important de viser plus de mixité sociale et plus de mixité ethnique. Il n'est pas admissible que, dans notre République, des Maghrébins, des Africains, des Turcs ou des Asiatiques, français dans la plupart des cas, puissent vivre coupés de leurs autres compatriotes. Les dispositifs existants peuvent parfois faire progresser la mixité, mais cela reste insuffisant puisqu'il est essentiel d'atteindre les causes profondes de la discrimination, de l'exclusion et de l'auto-exclusion. Faire reposer ce fardeau et cette responsabilité sur les seuls « immigrés » serait à la fois injuste et malhonnête intellectuellement, car ce serait déresponsabiliser la puissance publique de ses fautes.

N'étant pas une adepte de la fatalité et de l'impuissance, je pense qu'il nous est possible de mettre en place des objectifs réalisables, séparés de toute approche populiste, prenant en compte la nuance et, surtout, la complexité de la situation. Je veux que l'on puisse désamorcer tous les processus de sécession territoriale en s'attaquant aux facteurs qui les favorisent. Il s'agit de porter une politique de la ville conçue à partir d'un principe fondamental : la cohésion des territoires. Je l'imagine sur quatre niveaux.

Premièrement, accepter l'idée de repenser nos quartiers populaires, y compris d'un point de vue urbanistique et d'aménagement du territoire. Certaines cités doivent être littéralement démolies et leurs habitants relogés ailleurs et répartis, à travers une approche incitative, dans des logements de meilleure qualité, sur l'ensemble des communes du département concerné. Il est ainsi possible de faire sortir des familles de quartiers dans lesquels le sort et l'avenir de leurs enfants seraient écrits d'avance. Il faut ensuite construire simultanément de nouveaux quartiers, à taille humaine, avec une architecture différente et un environnement doté de tous les services publics. C'est pour cela que les gouvernements Philippe, puis Castex ont déployé des « maisons France Services[1] » et de nouveaux tiers-lieux. C'est Jacqueline Gourault, mon amie et collègue chargée de la Cohésion des territoires et des Relations avec les collectivités territoriales, qui s'en occupe. Il faut ériger à la fois des quartiers plus sûrs et plus sereins, des lieux où se rencontrent des Français de toutes origines et de toutes confessions, mais aussi des quartiers où les logements seraient de qualité avec des équipements de proximité, des commerces, des services publics, des bureaux de poste, des lieux de culture, des salles de théâtre et de cinéma, des stades, des lieux de culte, des maisons de jeunes, un tissu associatif. En somme, il convient d'engager, dans ces nouveaux lieux de vie, une dynamique nouvelle susceptible d'aider à améliorer les statuts sociaux et, *in fine*, à changer les destins.

Deuxièmement, réaliser des jonctions entre des quartiers aujourd'hui isolés et les territoires plus prospères en favorisant la création de transports publics, mais également de bassins d'emploi, de zones d'activité et d'une continuité territoriale. Il est question de s'attaquer au climat de défiance et

1. L'objectif consiste à déployer à trente minutes de chaque citoyen des lieux où des agents, à un guichet unique, accueillent et accompagnent toute personne dans ses démarches administratives du quotidien en matière de santé, de famille, de retraite, de droit, d'impôts, de logement, de recherche d'emploi, de numérique, etc. Le slogan de ce dispositif résume l'esprit : « France Services : proche de vous, proche de chez vous ! »

à cette quête de l'entre-soi de plus en plus répandue, de créer les conditions pour organiser et encourager, sur l'ensemble du territoire national, toutes les formes de coexistence sociale. Nos quartiers populaires ne doivent plus être perçus comme des lieux de déclassement social et d'appauvrissement culturel. L'objectif est d'éviter de rompre avec l'égalité républicaine. En choisissant son lieu de résidence, un père de famille ne peut pas considérer qu'il y aurait des quartiers où ses enfants ont moins de chance de réussir qu'en étant dans un autre quartier situé vingt kilomètres plus loin. On ne peut pas accepter que dans notre pays, notre République, il puisse exister des quartiers où seul l'échec est assuré. Et si de surcroît on accepte l'idée que les quartiers populaires sont ceux qui peuvent naturellement se transformer en ghettos et que ces mêmes lieux deviennent à la fois une concentration de problèmes sociaux et de criminalité, et qu'enfin ils finissent par représenter un terrain de jeu et de chasse pour des recruteurs islamistes, on met en danger notre République non sans nourrir les tenants des thèses populistes.

Troisièmement, je crois qu'il est nécessaire de créer des dynamiques nouvelles en direction des jeunesses. Les inciter à s'engager. Refuser que l'échec scolaire et la déscolarisation, possible, jusque-là, à partir de l'âge de seize ans, ne deviennent synonymes d'oisiveté. C'est la raison pour laquelle Jean-Michel Blanquer a lancé, en 2018, une loi qui crée une obligation de formation pour les jeunes âgés de seize à dix-huit ans, appelée « école de la confiance ». C'est cette même loi qui oblige désormais la scolarisation des enfants dès trois ans, au lieu de six ans auparavant.

Nous avons des primo-délinquants qui sont de plus en plus jeunes et notre pays s'est montré bien impuissant devant des logiques de bandes qui se sont constituées dans tous ces ghettos que j'ai eu l'occasion d'évoquer. Le poids des interactions à la fois de voisinage et du contexte immédiat sur des destins sociaux est très souvent considérable. En tout cas, non négligeable. Je crois qu'il existe des dynamiques qui peuvent s'enclencher sur des territoires ou sur d'autres. Si là il convient d'amplifier les plus positives, ici il est fondamental d'enrayer les plus toxiques. On le sait, sans déterminisme social, certaines d'entre elles verrouillent, d'une manière ou d'une autre, l'avenir. *A minima*, elles le conditionnent en profondeur. C'est la raison pour laquelle depuis ma nomination au gouvernement, je n'ai eu de cesse de vanter cette valeur et de rappeler à quel point elle peut être salvatrice. L'engagement de la jeunesse, c'est avant tout un état d'esprit, une idée phare à suivre : rien n'est écrit d'avance si on décide de prendre son destin en main et de changer le cours des choses pour les autres et pour soi-même. En somme, se saisir de son vécu. Nos jeunesses doivent apprendre à s'approprier l'idée qu'aucun problème n'est insurmontable, que tout problème peut trouver sa solution si on le regarde en face et qu'on décide de le régler. Je crois qu'il est essentiel de tourner notre action politique dans les quartiers et les territoires en direction des individus, car c'est en amenant le citoyen à s'engager pour son propre destin qu'on arrivera à transformer, à travers lui, son propre territoire. Il est question de lutter simultanément contre l'anxiété, le désespoir et le défaitisme. Il ne s'agit pas de donner de l'argent ou des « aides sociales », il faut investir dans les jeunes, les inciter à suivre des formations, conditionner des aides par des actions en faveur de la collectivité, créer le cercle vertueux du gagnant-gagnant et, surtout, lutter contre l'oisiveté. En clair, faire en sorte que le quotidien des jeunes ne soit pas réduit à regarder le temps passé, surtout en période de vacances scolaires. Il est ainsi nécessaire de promouvoir une école moins sélective et de revaloriser, y compris dans les mentalités ambiantes, les bac et les formations professionnels qui ne doivent plus être perçus comme des alternatives à l'échec, mais comme de vraies voies de réussite. Si on peut être un ingénieur de qualité, on peut également devenir un pâtissier de renom.

Quatrièmement, la réimplantation de tous nos services publics et des lieux de vie et de commerce dans chaque parcelle du territoire. On ne peut imaginer qu'il soit acceptable que des territoires, urbains ou ruraux, soient dépourvus de tout ou partie des services publics ou de commerces (bureau de poste, commissariats, agences d'intérim ou Pôle emploi, centres de santé...). La désertification de certains lieux est devenue un sujet de préoccupation qu'il convient, là aussi, de prendre à bras-le-corps. Je crois aux mesures incitatives et aux dynamiques vertueuses : implanter un quartier dans un territoire, ce n'est pas ériger une cité-dortoir, mais un lieu de vie et de mouvement. Là où vivent des citoyens, il faut du travail, des transports, des commerces, du sport, de la culture, des maisons de santé, des banques, des écoles...

Il devient nécessaire de rompre avec la logique du béton et de l'entassement en hauteur. Ainsi, en cassant cette logique, on arrivera probablement à enrayer d'autres logiques, celles du ghetto.

Les radicalités, incompatibles avec notre République

Il y a plusieurs définitions pour le mot « radicalité ». Ce que j'aborde ici, c'est le radicalisme politique et tout ce qui ne peut admettre d'exception ou d'atténuation selon l'expression consacrée. En clair, je vise, avant tout, car mon tempérament s'oppose à ces logiques, ce qui est de nature à écarter la nuance, la quête de compromis et de consensus, et ce qui favorise les idées tranchées et, en somme, l'extrémisme. Ce n'est pas une question de choix politique, mais de valeurs et de principes. Tout mon être, mon parcours et mon identité de femme politique et d'élue reposent sur un socle qui fait de moi quelqu'un qui a la faiblesse de croire que ce n'est pas dans une recherche de l'adversité, même s'il faut assumer celle-ci lorsqu'elle s'impose, que l'on arrive à faire avancer des idées et *in fine* la société.

Depuis quelques années, nous avons des raisons objectives d'être inquiets pour l'avenir de notre pays lorsque nous constatons que de larges pans de nos jeunesses sont attirés par des discours extrêmes. Il est vrai qu'à un certain âge, nous avons tous eu cette folle envie de « changer le monde », de participer à des révolutions, de « rompre avec le système » et que sais-je encore. Il est évident que les parents ou les grands-parents d'une partie de nos jeunesses ont participé à Mai 68, ont manifesté pour gagner des droits ou pour décloisonner la société et la faire sortir de ses archaïsmes. Un réveil utile en quelque sorte. Tous ces engagements sont logiques et, j'ose penser, justes. Ce qui l'est moins, c'est lorsqu'on découvre, d'abord au détour d'un sondage, ensuite à l'issue d'analyses réalisées au lendemain d'échéances électorales, que le Rassemblement national, en d'autres termes l'extrême droite, est en position fort confortable par rapport à une partie de la jeunesse. L'adhésion aux idées de Jean-Luc Mélenchon, même si elle semble connaître un net recul (de 24 % en 2017, elle pourrait avoisiner les 13 % en 2022), demeure, elle aussi, relativement haute. À en croire ces sondages[1], les deux tendances radicales d'extrême droite et d'extrême gauche totaliseraient autour de 40 % des intentions de vote lors de l'élection présidentielle, sans compter les candidats qui prônent des idées complotistes ou « antisystème » reposant sur l'approximation et parfois les fantasmes.

Même si l'abstentionnisme – contre lequel il faut nécessairement lutter – reste le premier parti de France – les élections régionales ont montré que tous les partis souffraient de ce phénomène. Fin juin 2021, j'ai d'ailleurs rencontré l'ensemble des mouvements associatifs promouvant la démocratie

1. Enquêtes Ipsos-Ifop, publiées par *Le Monde*.

ainsi que l'ensemble des partis politiques de jeunesses. Seul le RN était absent. Lutter contre l'abstention doit être d'abord une volonté politique, il faut faire évoluer nos systèmes, mais il n'en demeure pas moins que les partis radicaux suscitent un intérêt certain à la fois chez les 25-35 ans et chez les 18-24 ans.

Je pense qu'avant de s'intéresser à cette jeunesse qui vote pour les extrêmes, il convient d'observer que sa radicalité se manifeste plutôt – et il s'agit d'une tendance lourde – par une totale désaffection pour l'opération de vote. Ce qui est en soi un problème majeur pour notre démocratie ou, plus précisément, pour la santé de celle-ci ; tourner le dos à des élections et refuser ainsi de s'exprimer, ce n'est rien d'autre qu'un refus de participer à l'exercice démocratique. On nous rétorquera qu'il faut considérer l'abstention comme une position politique (certes), qu'il faut comptabiliser les voix des abstentionnistes (pourquoi pas), il demeure que notre système électoral est aujourd'hui ainsi fait et que celui qui ne vote pas, d'une certaine manière n'existe plus et décide de confier à ceux qui s'expriment le résultat d'un choix qui risque de lui convenir ou pas.

J'essaie depuis de longues années de participer au réenchantement de la République et je ne cesse, depuis que je suis élue, de faire l'apologie de l'engagement. Ce dernier rime avec citoyenneté et celle-ci est le cœur de toute démocratie. C'est presque une réalité axiomatique. Je respecte naturellement les choix de chacun, mais je ne peux m'empêcher de souligner l'importance de la participation tant elle demeure l'alpha et l'oméga de la bonne santé démocratique. Je préfère, pour ainsi dire, mettre en lumière le problème de l'abstention, car il est question d'une position si radicale qu'elle est à mes yeux la mère de toutes les autres. Ce que nous disent en substance les abstentionnistes, et notamment les jeunes, est terrifiant : nous ne sommes pas concernés par les choix que vous faites et les propositions que vous formulez, car nous rejetons tout en bloc. C'est là, je l'ai dit, la première des radicalités.

Ensuite, s'agissant des jeunes qui font le choix de l'extrême droite, il faut évidemment s'interroger, même si nous connaissons certaines de leurs motivations, sur cette tendance assez significative chez nos jeunesses de rejeter, pêle-mêle, l'Union européenne, l'immigration, les personnes d'origine étrangère… Ils soutiennent les idées conspirationnistes, sont sensibles aux théories développées sur les réseaux sociaux, propagent des pensées qui font la promotion de l'identité, vantent la religion et sont convaincus que notre « pays est en danger ». Les faits divers, le terrorisme, la criminalité et la délinquance au quotidien alimentent tout ceci, amplifiés par l'ensemble des réseaux sociaux. Notre action doit viser à déconstruire des théories fumeuses qui sont clairement fausses, des *fake news* sur lesquelles repose une partie de la propagande d'extrême droite, et nous devons veiller à le faire de manière méthodique, car l'extrême droite, en manipulant notre jeunesse, compromet son avenir, certes, mais surtout celui de la nation.

Concernant les idées d'extrême gauche, même si elles ont souvent séduit les jeunesses par le passé, on voit bien que les défavorisés et le prolétariat, pour reprendre le mot consacré pour désigner les classes populaires, sont totalement délaissés dans les propos de Jean-Luc Mélenchon et celui de ses amis au profit d'un discours basé sur les thèses dites « décoloniales », les logiques d'intersectionnalité et, plus grave, les questions de l'identité. C'est ainsi que la posture victimaire est devenue, comme je l'ai déjà précisé, une constante qui confine les personnes issues de l'immigration et notamment celles de culture ou de confession musulmane dans un climat de défiance à l'égard de la communauté nationale et de la République au prétexte que lorsque celle-ci veut faire respecter un principe central, la laïcité, ou qu'elle lutte contre les démarches islamistes, elle agit par hostilité à l'endroit de tous les musulmans. Ce discours impacte de manière négative les personnes vulnérables, en situation de fragilité, qui, souvent, sont sensibles aux idées manipulatrices et aux thèses populistes et binaires. Cette proposition dangereuse séduit certains jeunes. Il est donc essentiel, là aussi, de déconstruire et de rappeler que la réalité est complètement différente. Faire la promotion de la laïcité et défendre cette valeur, ainsi que toutes les autres, ce n'est rien d'autre que mettre en évidence tous les principes que j'ai eu l'occasion d'énoncer et qui sont consubstantiels à la fois à notre démocratie et à notre République. La laïcité n'est rien d'autre que la promotion des libertés de chaque citoyen et la défense de l'idée d'égalité si chère à notre pays.

Par conséquent, s'attaquer à ces valeurs essentielles, de surcroît sur la base d'idées mensongères, c'est chercher à saper les fondements de la République.

Enfin, il est fondamental, au-delà des radicalités politiques, de s'attarder sur les radicalités idéologiques. Je pense notamment à celle que représente l'islamisme. J'ai exprimé tout au long de cet ouvrage mon appréciation à propos de cette doctrine, souvent meurtrière. J'ai souligné son incompatibilité avec la République et j'ai insisté sur la nécessité de protéger notre jeunesse contre la force séductrice qu'incarne l'islamisme. Cette idéologie arrive à mettre en difficulté notre école parce qu'elle instrumentalise une religion, l'islam. Il est essentiel d'éviter les amalgames et ce n'est pas pour être dans un quelconque discours convenu ou « bien-pensant », mais pour respecter les valeurs, les nôtres, qu'on dit défendre. Notre République et notre État de droit s'opposent à l'idée qui consiste à dire qu'il faut faire payer à un groupe ou à une communauté, quelle qu'elle soit, les méfaits d'une minorité se réclamant de celle-ci. Les islamistes sont minoritaires, mais néanmoins dangereux. Il faut évidemment utiliser tout ce que notre droit offre pour lutter contre les « idées séparatistes ». Notre corpus juridique, renforcé par la loi portée par le gouvernement pour consolider les principes républicains, nous permettra encore davantage de faire barrage aux velléités bien réelles qui visent à fracturer notre société. Il est donc fondamental d'identifier le fait que des individus, des groupes ou des associations, parfois soutenus par des puissances étrangères, cherchent à affaiblir notre pacte républicain. L'attrait d'une partie de notre jeunesse pour l'islamisme doit être analysé sans tabous, mais, par ailleurs, sans exagérations non plus.

Personnellement, c'est la conjugaison de l'ensemble de ces radicalités que je viens de citer et de quelques autres qui m'inquiète. Le fait que beaucoup de jeunes n'hésitent plus à aller vers les extrémismes montre que nous devons, à tout le moins, amplifier nos actions en direction de notre jeunesse et ainsi la rassurer sur le fait que la démocratie française est l'une des plus belles au monde et qu'il est nécessaire de trouver tous les moyens pour que l'engagement, qui est une démarche admirable, puisse s'opérer dans le respect de nos principes communs. À tous ceux qui cherchent des repères, du sens, une communauté de partage, je veux dire que la France, la nation, est là. Nous sommes un pays hors du commun, une nation respectée et qui rayonne. J'ai pu m'en rendre compte lors du sommet des ministres européens de la Jeunesse en mai 2021. La France est respectée, comme lors d'une finale de coupe du monde de foot ! L'annonce de ma venue à Bruxelles pour ce sommet a fait déplacer la moitié des autres ministres. Lorsque je suis entrée en salle pour débattre de l'avenir des jeunesses en Europe, les autres pays se sont levés, lorsque j'ai pris la parole, le silence régnait, les demandes d'audiences des autres partenaires pleuvaient. C'était une découverte, et ce n'est pas moi, Sarah El Haïry, qui étais visée, mais la France, le gouvernement et le pays que je représente qui étaient salués. On en prend toute la dimension en le vivant. Mais les jeunesses le savent, voyager rend français, rencontrer l'autre et sa culture fait prendre conscience de la chance que l'on a. C'est aussi pour cela que je crois aux rencontres et aux mouvements. La découverte de l'autre révèle… souvent le meilleur.

L’extrême droite, ce mal qui ronge ma patrie

En avril 2002, nous nous offusquons et nous manifestons lorsque, à la surprise générale, Jean-Marie Le Pen, alors président du Front national (FN), atteint le second tour de l’élection présidentielle face à Jacques Chirac. La France est sous le choc. J’ai à peine treize ans, et je le suis également. Que va devenir notre France ? Celle de la liberté où la différence fait force et où le rejet de l’autre ne saurait être un projet politique.

Pour 2022, des projections commentées par des sondeurs et des journalistes annoncent avec décontraction que l’extrême droite, représentée cette fois par la fille de Jean-Marie Le Pen, sera, avec certitude, une fois de plus, au second tour de l’élection présidentielle. Aujourd’hui, plus personne ne manifeste ni n’exprime son désarroi. Pour moi, le frémissement d’effroi de 2002 est pourtant toujours là.

J’entends des voix, issues de plusieurs milieux, affirmer avec une incroyable assurance, probablement pour se donner bonne conscience, que « le Front national a changé ». Certes, le nom a été modifié. On parle aujourd’hui de « Rassemblement national ». Mais derrière une telle appellation, il y a surtout une volonté, de « rassembler » tous ceux qui sont, parfois pour des considérations légitimes, en colère, inquiets, déçus ou désemparés. On le voit depuis des lustres, les milieux populistes savent, par la force du propos qui suscite des sentiments passionnels, embrigader les masses les plus vulnérables en plus de celles qui leur sont acquises, car partageant avec eux des idées acariâtres.

Soyons sérieux, quel est le socle électoral du Rassemblement national depuis près d'un demi-siècle ? Historiquement, les héritiers de la pensée maurrassienne, ceux qui ont de tout temps exprimé leur haine et leur rejet de la République, les antisémites et les xénophobes racistes, quelques nostalgiques de l'empire colonial, les ultra-conservateurs qui ont toujours du mal avec toute forme de progrès, quelques intégristes catholiques, parmi lesquels des homophobes, et des partisans de plusieurs types de discours haineux, excluant ou stigmatisant. Entre le marketing politique qui se veut « inclusif » de l'état-major francilien et la réalité du terrain dans les territoire et leur base, il y a une différence plus que criante. La haine de l'étranger réunit un certain nombre de militants. Or, leur expression s'attaque, le plus souvent, à des Français d'origine étrangère, renvoyés systématiquement à une identité et leur déniant, de façon explicite ou implicite, une appartenance à la communauté nationale, fussent-ils bien intégrés et même complètement assimilés. C'est à ce socle historique du Front national que sont venus se greffer de nouveaux électeurs issus des couches populaires, désorientés par le manque de résultats ou des politiques hasardeuses et clientélistes qui ont laissé se former des ghettos, et, plus grave, qui ont créé les conditions pour saper l'autorité de l'État. Ces électeurs ont perdu confiance, lassés par des promesses non tenues et des paroles non respectées de certains responsables politiques.

Il faut que nous tenions aujourd'hui, nous, élus et responsables nous reconnaissant dans l'arc républicain, un discours de franchise. Il ne s'agit pas de diaboliser le RN. Il s'en occupe très bien tout seul aux yeux d'une majorité de Français. Il n'est pas question non plus de minimiser sa dangerosité ni de nier le fait qu'il est capable de gagner, dans une situation de mauvais alignement des planètes, avec un fort taux d'abstention, ou la survenue d'événements anxiogènes qui viendraient l'alimenter. Ce même parti, qui reste minoritaire en valeur absolue, pourrait se retrouver à la tête de l'État si nous n'accomplissons pas notre mission à la fois de sensibilisation et de mobilisation de toutes les forces républicaines. Il est urgent d'accélérer la transformation de l'exercice politique et de mettre en place des politiques cohérentes qui priveront le discours populiste de l'extrême droite de sa puissance mobilisatrice.

Pour comprendre la réalité du Rassemblement national, qui incarne le cœur de l'extrême droite française, il faut revenir aux origines de la cellule souche : le Front national. Dès le départ, la formation lancée, entre autres, par Jean-Marie

Le Pen révélait tous les marqueurs qui permettent de classer un parti à l'extrême droite. À partir de 1972, en effet, c'est Ordre nouveau, un mouvement néofasciste et populiste, qui représente la cheville ouvrière du FN et son âme idéologique. Initialement, le père de l'actuelle présidente ne joua qu'un rôle secondaire. Le parti a à l'époque pour ambition de réunir l'ensemble des groupuscules d'extrême droite et d'ériger une vitrine politique susceptible de prendre part aux échéances électorales. C'est quand même François Duprat, figure néofasciste et tête pensante d'Ordre nouveau, par ailleurs antisémite notoire, qui fut chargé de rassembler tous les groupes d'extrême droite alors quelque peu éclatés. Et c'est justement dans cette volonté de réunifier les tendances néofascistes, réactionnaires, racistes et xénophobes que le même Duprat fit appel à Jean-Marie Le Pen, l'ancien poujadiste, dont il apprécie les qualités d'orateur et de polémiste. Il voit en lui un futur leader du parti en constitution. Cet objectif déjà de « rassembler » les tenants de la haine pourrait probablement être mis en perspective avec l'actuelle dénomination du parti.

Oui, car Marine Le Pen ne cesse de s'écrier que le Rassemblement national « n'est pas un parti d'extrême droite ». Elle le martèle constamment depuis qu'elle a succédé à son père, allant jusqu'à menacer de poursuites judiciaires quiconque, notamment les journalistes, s'évertuerait à rappeler la filiation idéologique de sa formation politique. Ce refus d'endosser le passé récent du parti intègre une stratégie de communication bien rodée fondée sur la dédiabolisation et un usage de la vérité à géométrie variable.

Il est vrai que définir ce qu'est l'extrême droite n'est guère chose aisée. Même les milieux académiques et universitaires divergent parfois sur les définitions. Certains essaient de considérer que les antiparlementaristes sont à classer à l'extrême droite, mais ce n'est pas le cas du RN. C'est omettre qu'il existe multitude de définitions, près d'une cinquantaine à travers le monde, mais c'est également oublier qu'il y a néanmoins consensus pour constater que ces formations usent et souvent abusent de discours ultranationalistes (la notion très antirépublicaine de « préférence nationale » par exemple), de propos ethnocentrés (insister sur le côté exclusif « d'une France blanche et chrétienne »), xénophobes (à travers la criminalisation systématique de l'étranger), de la diffusion d'idées complotistes comme le fumeux fantasme du « grand remplacement », largement relayé par le théoricien d'extrême droite Renaud Camus, de la peur obsessionnelle de l'islam exprimée à travers un jeu d'amalgames en prenant prétexte de l'existence d'une menace islamiste effective. Le même Front national a, dès les années quatre-vingts, accueilli en son sein d'anciens collaborateurs, mais aussi la « grande famille » des identitaires, et un certain nombre d'ex-desperados de l'OAS et des poujadistes ressortis des tiroirs de l'Histoire. Au lendemain de 2002, les jeunes loups du parti qui entouraient Marine Le Pen se sont attelés, dans une logique de dédiabolisation, à écarter les éléments les plus visibles des différents courants d'extrême droite qui formaient le parti. Ils n'ont pas chassé les idées xénophobes, ils n'ont pas réalisé de mue idéologique, mais juste un ravalement de façade, une sorte de lifting pour donner l'impression que la formation politique d'extrême droite avait disparu au profit d'un parti populaire, constitué de « patriotes » qui eux seuls aimaient le pays, contrairement aux autres partis. Tout ceci, une grande opération de communication, n'était là que pour faire illusion.

La chasse à l'immigration, perçue exclusivement à travers le prisme des faits divers et des attentats, la remise en question de principes ancrés dans notre attelage juridique républicain – le droit du sol, le droit d'asile, le regroupement familial, la déchéance de la nationalité française – et beaucoup d'autres sujets, marqueurs par ailleurs des milieux populistes qui caractérisent traditionnellement l'extrême droite, montrent que la formation de Marine Le Pen est aux antipodes des valeurs de la République. Là où ce parti se démasque tout seul, c'est quand il garde des positions immuables au sujet de tout ce qui est de nature à nourrir son discours populiste (les étrangers, l'immigration, la sécurité, etc.) alors que sur des questions économiques, sur l'euro, la dette et l'Union européenne, leurs « convictions » dépendent souvent de la météo du moment et de l'horoscope. Il suffit de regarder de plus près les différents programmes économiques du FN/RN pour se rendre compte de la légèreté, du manque de sérieux, du vide et de l'absence de consistance et de cohérence chez ceux qui dirigent ou représentent ce parti.

Il s'agit d'un parti de protestation systématique. Toute sa stratégie repose sur une seule logique : considérer que tout ce qui vient du pouvoir en place, quelle que soit sa coloration politique, doit être déconsidéré, critiqué, fustigé et rejeté. Avec cette aisance démagogique qui permet de reconnaître des députés du RN, ils sont capables dans une même journée d'expliquer à leur auditoire, le matin, que « le gouvernement ne fait rien à propos de tel sujet », et l'après-midi d'être absent ou de s'abstenir si la question est abordée au Parlement et soumise au vote. Cette image que j'utilise est loin d'être une caricature. Et si c'en était une, on la doit au parti de Marine Le Pen lui-même et à ses représentants qui ne cessent de se caricaturer à travers un comportement à la fois irresponsable, peu sérieux, conçu pour alimenter les colères, les haines, les frustrations et les ressentiments.

Nous devons faire collectivement attention à ce genre de discours parce qu'il a tendance à fracturer la société et à introduire le doute en elle. Les sorties populistes sont d'autant plus dangereuses qu'elles s'édifient toujours autour d'un ou plusieurs boucs émissaires, désignés comme la cause absolue des problèmes qui traversent la société. Méthodiquement, la nuance est écartée du débat qui s'articule, selon la bouillie proposée par l'extrême droite, autour d'une logique binaire, où seuls le blanc et le noir existent. Il n'y a ni gris, ni couleurs, ni rien d'autre susceptible de donner les moyens d'élaborer une pensée capable d'explorer la complexité des choses. Tout est vu en bloc. Les personnes sont essentialisées, vues à partir de leur appartenance réelle ou supposée à une identité. Au RN, un faciès, un patronyme, un lieu de naissance, un prénom, une attitude, parfois un habillement, une parole, un mot, une expression suffisent à tirer des conclusions et à confiner plusieurs de nos compatriotes dans des cases.

L'extrême droite – et tout populisme – ne s'épanouit qu'au travers des idées toutes faites, des mots-valises et des poncifs. Le cliché fait office de photographie pour figer un moment. Et comme les clichés sont en noir et blanc et dénués de nuances, on imagine les conclusions. Aujourd'hui, notre pays est multiple. C'est un arc-en-ciel. Nos compatriotes sont d'origines diverses, ont connu des trajectoires différentes, ont suivi parfois de longs chemins : ils viennent de la Creuse, mais aussi d'Europe de l'Est ; ils sont nés en Bretagne, mais également au Maghreb ; ils ont grandi en Alsace, mais parfois en Afrique ; ont des parents ayant un enracinement en Auvergne, mais quelquefois leurs familles puisent leurs racines au Portugal ; des couples se sont constitués entre des Niçois et des Lilloises, mais également entre des Parisiens et des Chinoises. Notre pays compte des hétérosexuels, des homosexuels et des individus de plusieurs genres, orientations ou identités sexuelles. Il y a de vieilles familles versaillaises et, en même temps, d'autres issues d'anciens réfugiés espagnols ayant fui le franquisme. La France, ce sont aussi des harkis qui ont versé leur sang pour elle, à l'instar de milliers de musulmans, mais c'est également une forte communauté juive, en partie d'origine hexagonale, pour une autre d'origine ashkénaze, roumaine, polonaise ou russe, et d'origine séfarade, d'Anatolie, de La Goulette, de Constantine ou de Meknès. Ce sont également des personnes nées du côté de Beyrouth ou de Damas, voire du Caire ou d'Istanbul. La France, enfin, ce sont nos DOM-TOM, mais également la Corse et nos régions, basque, bretonne ou catalane. Franchement, avec un tel peuple, avec une telle richesse, comment peut-on prôner une quelconque xénophobie ? Nous possédons à 80 % – si ce n'est plus – une origine étrangère, proche ou lointaine, ou nous sommes majoritairement issus d'un métissage. Les temps de la « pureté de la race » sont révolus parce que nous avons compris qu'il n'y en avait qu'une seule : la race humaine. Et, en France, il n'y a qu'une catégorie de citoyens, on les appelle les Français. Et ces derniers n'ont pas de qualificatifs. Il n'existe pas de « Français de souche ». Pas plus qu'il n'existe de « vrais » et de « faux » Français même si certains citoyens respectent moins la loi que d'autres. Lorsque tel est le cas, et parce que nous sommes au sein d'une République qui est en même temps une démocratie et un État de droit, il faut faire appliquer la loi dans toute sa rigueur.

J'ai essayé de résumer mon point de vue en livrant quelques arguments, mais surtout en rappelant que l'option extrême droite est la plus mauvaise, mais aussi la plus dangereuse pour le pays. On ne peut prétendre aimer la France et vouloir autant de mal à certains de ses enfants qui se retrouvent méprisés presque systématiquement dans le discours porté par le Rassemblement national. Je ne suis pas politologue ou analyste politique, mais faut-il l'être pour percevoir, avec objectivité, le risque que nous ferait encourir à tous ce parti politique ? Le choix de l'extrême droite, c'est un peu le mauvais choix que peut dicter une colère ou une attitude impulsive. Nous connaissons tous les conséquences de tels réflexes.

Le dernier parti non tenté ne doit pas tenter. Ce non-choix ne doit pas être un choix. Pour la France, son image dans le monde et son rayonnement, pour les Français et pour l'Europe, nous ne pouvons pas subir. Le réveil républicain n'attend plus.

Conclusion

L'engagement, c'est toute ma vie. C'est ce qui m'a poussé à faire de la politique. J'aime servir, car je suis convaincue que nous pouvons agir et faire évoluer les choses dans le but de les améliorer lorsqu'on a la confiance des électeurs et quand on se retrouve à des postes de responsabilité. Évidemment, personne n'a de baguette magique et il sera toujours impossible de changer la vie de chaque citoyen, même s'il est question d'un idéal qu'il est important de caresser et d'un objectif, quasi spirituel, que l'on doit garder en tête quand on met en œuvre, avec sincérité et éthique, une démarche au profit de la population.

Certes, rien ne va jamais assez vite. Surtout pour ceux qui ont besoin de voir des améliorations substantielles intervenir dans leur vie. Les lourdeurs administratives, le temps incompressible des débats parlementaires, pourtant tellement nécessaire, les pesanteurs d'un système bureaucratique qu'il faut sans cesse moderniser sont autant de facteurs, parmi d'autres, qui empêchent parfois la mise en pratique rapide d'une politique donnée. Mais le plus important, selon moi, c'est la conviction que l'on met à défendre des idées et les intérêts de la collectivité. Ce qui est essentiel, c'est d'engager des dynamiques positives afin de lutter contre la sinistrose et introduire de l'optimisme. Surtout ne jamais entretenir, encore moins provoquer, ne serait-ce qu'inconsciemment, une rupture du lien de confiance avec le citoyen. Et lorsque celle-ci survient, en raison d'une lassitude, d'une accumulation de mauvaises nouvelles, de crises, d'attentats, il faut absolument rassurer, expliquer, établir un dialogue, ou le rétablir quand il est rompu. Il n'y a pas – surtout dans notre pays qui est une grande démocratie sociale – de fatalité. La crise de la Covid-19, s'il nous fallait une énième preuve, nous l'a amplement démontré. L'État a fait tout ce qui était en son pouvoir pour aider les entreprises, soutenir les citoyens, venir au secours des jeunesses et des plus vulnérables. Le gouvernement a mis en pratique des mécanismes de prévention pour que l'impact de cette crise sanitaire soit le moins grave possible sur la santé des personnes en premier lieu. Et ce même si nous avons été pris de court au départ (qui ne le fut pas ?) par un phénomène planétaire totalement inattendu, par une situation complètement inédite qui a placé plusieurs villes et pays sous cloche. S'il y a eu de grandes tempêtes, il va sans dire que nous avons résisté au choc. Je peux en témoigner, car j'ai été nommée secrétaire d'État dans un « gouvernement Covid », comme je le rappelle souvent ; le président de la République comme le Premier ministre et tous les membres de l'exécutif, à commencer par le ministre de la Santé Olivier Véran, ont tous été mobilisés, je peux le certifier, vingt-quatre heures sur vingt-quatre, pour suivre l'évolution de la pandémie, ses conséquences, ses répercussions, quasiment minute par minute.

Aucun moyen n'a été économisé pour que les Français puissent d'abord se faire tester, gratuitement, et ensuite vacciner, en donnant, à chaque fois, la priorité aux plus vulnérables. Il faut que nous puissions nous rendre compte que peu de pays permettent cela. Nous savons que des personnes, pour des raisons qui leur sont propres, ont pu recourir aux tests PCR plusieurs dizaines de fois en quelques mois seulement. Des aides ont été octroyées afin que les entreprises puissent supporter le choc. De ce point de vue, je suis fière à la fois d'être française et d'avoir appartenu à un gouvernement qui a servi les Français, sans rechigner sur les moyens, dans une période traversée par une crise sanitaire si grave.

J'ai écrit ce livre pour partager modestement avec vous des idées, un vécu, une réalité, une expérience et faire part des principes chevillés au corps qui me poussent à n'économiser aucun effort pour participer humblement, mais activement, à faire évoluer les choses.

Et je publie ce témoignage pour dire par ailleurs ce que je dois à la France. Je crois que ces déclarations d'amour à notre pays sont plus que jamais indispensables en périodes de doute. Et nous avons vécu des moments de questionnements légitimes durant le premier confinement de 2020, des instants de terribles angoisses après les différents attentats et, plus encore, l'assassinat de Samuel Paty. Peut-être parce qu'il était enseignant, peut-être parce que cela s'est produit devant le regard de nos enfants quasiment à la sortie d'un collège au milieu d'une paisible zone pavillonnaire. Ce qui a amené chacun d'entre nous à s'identifier à la victime. Mais peut-être aussi parce que nous étions en droit de penser, depuis les assassinats perpétrés contre des enfants juifs à l'entrée de leur école à Toulouse, le massacre de la rédaction de *Charlie Hebdo*, la fusillade du Bataclan et des terrasses, le camion-bélier à Nice, les deux policiers tués à Magnanville en présence de leur fils, que nous avions atteint le summum de l'horreur. Non ! Il fallait que le terrorisme islamiste inflige à notre société une nouvelle épreuve en procédant à la décapitation d'un homme dont le seul tort fut de faire son métier et d'enseigner la citoyenneté à des adolescents, à peine sortis de l'enfance.

Ce drame m'a marquée comme elle a marqué terriblement tous les membres de l'exécutif et certainement l'écrasante majorité des Français. Cette douleur de France, je l'ai faite mienne. Elle fait partie de ces événements qui peuvent transformer une société, l'amener à ne plus croire dans la puissance publique, semer le doute entre les enfants d'un même pays et, dans le cas d'espèce, jeter des millions de personnes dans les bras du populisme et de la démagogie, les diriger vers l'extrême droite, spécialiste ès récupérations et manipulations des masses lorsque celles-ci sont en proie aux incertitudes.

Ce sont là des épreuves qui émeuvent en effet tout un pays, mais qui marquent aussi un responsable politique peut-être doublement. Lorsqu'on détient le pouvoir, on est traversé constamment par des doutes. Même si nous ne sommes pas ici pour exprimer des états d'âme et encore moins pour montrer nos angoisses et nos craintes, nous nous interrogeons, davantage après des moments comme ceux que je viens de décrire, sur ce qu'il faut faire, mobiliser, là où il est nécessaire d'agir pour que plus jamais de telles horreurs ne se reproduisent.

Nos services de sécurité déjouent régulièrement des attaques terroristes et il faut leur rendre hommage. Mais nous connaissons tous ce côté pernicieux qui caractérise ce phénomène meurtrier : il suffit d'une fois, d'un individu isolé, pour que l'irréparable se produise. Beaucoup d'acteurs politiques et un certain nombre de commentateurs, les plus populistes et les plus polémistes, ont, je le dis avec ironie, une baguette magique. Ils jurent sur tous les saints qu'eux, au pouvoir, expulseraient tous les étrangers, y compris au mépris de la loi, mais ils oublient de préciser que la menace est endogène et que plus de 75 % des attentats sont le fait de Français. Ils proposent des recettes miracles alors qu'à chaque fois que des lois sont discutées et votées au Parlement pour renforcer notre arsenal juridique, je pense là aussi à l'extrême droite, ils font partie des absentéistes, et également des abstentionnistes.

J'ai voulu, depuis ma nomination au gouvernement en juillet 2020, agir, plutôt dans la discrétion, et déployer une communication au service de mon travail. J'ai refusé, c'est un choix, de sombrer dans la technique à la mode, celle de la communication tous azimuts, otage des réseaux sociaux, de la polémique et de la discorde pour exister. Je crois que le devoir d'un ministre, c'est d'abord d'agir, ensuite d'agir et enfin d'agir, et de ne communiquer que dans le but d'expliquer la démarche qui est la sienne. C'est aussi ce qui m'a amené à publier un ouvrage. Mon premier... Ce livre a été un voyage de trente-deux années, un voyage dans les émotions, un voyage dans ce qui nous forge, un voyage à travers toutes les rencontres qui ont compté, un voyage pour se rendre compte de ce à quoi on tient : ses idées et ces personnes vigies qui, jamais bien loin, sans vous prendre la main, vous indiquent le chemin. Un voyage qui continuera demain : l'envie de France comme seule boussole.

Remerciements

Je remercie de tout cœur tous ceux qui ne mettent pas la poussière sous le tapis.

Mes amis amoureux de la République qui défendent la France, ses valeurs, ses essentiels pour nos enfants demain.

À tous les engagés, les bénévoles, ceux qui donnent sans compter, sans qui la France ne serait pas la France.

À tous les élus qui honorent la République et sa devise.

Table des matières

Composition et mise en pages
Nord Compo à Villeneuve-d'Ascq

CET OUVRAGE
A ÉTÉ ACHEVÉ D'IMPRIMER
SUR ROTO-PAGE
PAR L'IMPRIMERIE FLOCH
À MAYENNE EN SEPTEMBRE 2021

N° d'impression : 99136
Imprimé en France